SPIRITUAL BIBLE OF LOVE

愛のスピリチュアル・バイブル

江原啓之

集英社

プロローグ
恋愛上手、幸せ上手になりたいあなたへのメッセージ

あなたは、恋愛上手《じょうず》ですか？　それとも、恋愛下手《べた》ですか？

「私は今まで不幸な恋なんてしたことない。ふられたこともない。男心ぐらい、手にとるようにわかるわよ」という恋愛の猛者《もさ》（？）は、たぶん少ないでしょう。

多くの人は、かなわぬ恋に悩んだり、気持ちをうまく伝えられなくて悶々《もんもん》としたり。うまくラブラブ状態になったと思ったら、思わぬ障害が出てきてあたふたしたり、ということのくり返しではないでしょうか。中には、「恋愛？　ああ、もう面倒《めんどう》くさい」と思っている人もいるかもしれません。

この本は、そんな「恋愛はちょっと苦手《にがて》。でも、もっといい恋がしたい」と願う人のための本です。

私は十五年間、スピリチュアル・カウンセラーとして、数多くの人の悩み相談を受けてきました。スピリチュアル・カウンセラーとは、現世《げんせ》で起きる事柄《ことがら》だけからでなく、目に見えないスピリチュアルな世界からのメッセージを通して、みなさんが抱《かか》えるさまざまな問題の解決の道を探る仕事です（詳《くわ》しくは拙著『幸運を引きよせるスピリチュアル・ブック』『スピリチュアル生活12カ月』〔三笠書房刊〕を参照してください）。

私のオフィスに来られる女性の悩みの多くが、恋愛に関するものでした。

相談者の言葉に耳を傾け、そこにスピリチュアルな光をあてて解決の道を探るうちに、この世における「恋愛の法則」が、いやがおうでも見えてきます。

この法則を知っていれば、恋することが、もっとラクになります。無駄《むだ》に苦しむことがなくなります。本当に自分に合う人と、すばらしい恋ができるようになるのです。

そしてこの法則は、恋愛だけに通用するものではありません。ただの恋愛のハウツーではないのです。

これは、たましいのルール。人生すべてを豊かにする法則です。

恋愛だけうまくいって、人生がうまくいかない。反対に、人生がうまくいっているのに、恋愛だけうまくいかない。どちらもありえません。たましいのルールを学んだ人は、恋愛だけでなく、人生の幸福も手に入れられるのです。

恋に悩んだとき、人生が苦しくて仕方がなくなったとき、この本を開いてください。あなたの心に響くメッセージが、必ずどこかの頁にあるでしょう。

あなたに、すてきな恋の幸せが舞い降りますように……。

愛のスピリチュアル・バイブル★目次

プロローグ
——恋愛上手、幸せ上手になりたいあなたへのメッセージ—— 001

Chapter 1

知っていると幸せになれる恋と愛についてのスピリチュアルな定義

★恋は、「他人を愛する」第一歩。
恋するために、私たちは生まれてきました。—— 023

★「運命の人」を、ただ待つのはやめましょう。
「運命の出会い」をつくるのは、あなた自身です。—— 025

★うまくいかない恋を「相性」のせいにしていませんか？
最後の決め手は「相性」ではなく、「人間力」です。—— 027

★「恋愛」と「結婚」はどう違う？
それを知ることが、幸せになるコツです。—— 029

★「失恋」は何度してもいいのです。
それは幸せになるために必要なレッスンです。—— 031

★「愛の告白」、その行為には、
こんなすばらしい意味があるのです。—— 033

★どうすれば「真実の愛」が手に入る？
人生の醍醐味を味わい尽くすために必要なこと。――035
★人はなぜこんなに「愛」が好きなのか？
この視点があれば、恋が長続きします。――039
★「幸せな結婚」をする極意とは。
「いい苦労」もあることに気づいていますか？――042
★幸せな恋を実らせる三つの法則。――044
①【波長の法則】出会う人はみんな、あなたが自分で引きよせているのです。
②【カルマの法則】自分でしたことは、すべて自分に返ってきます。
③【幸福の法則】幸福を引きよせるには、まず「本当の自分」を知りましょう。

Chapter 2

「恋ができない」あなたへの処方箋

★「高すぎる理想」のこんな落とし穴。
見方を少し変えるだけで、幸せは訪れます。――055
★出会い方にこだわらないで。
「お見合い」もすてきな恋愛の第一歩です。――057
★「好きになれる人がいない」
その本当の理由に気づいていますか？――059

★「人生の目標」と「恋の喜び」は両立します。
どちらかをあきらめる必要はありません。——061
★「容姿や性格に自信がない」から、
恋に臆病になっているあなたへの処方箋。——063
★彼の気になる欠点を発見！
そのとき、恋の炎を消さずにすむ方法とは？——066
★「男性が怖い」「セックスがいや」
その理由を知ることが克服の第一歩です。——068
★「人づきあいが苦手」でも、恋はできます。
恋愛の一歩前から始めてみましょう。——070
★「男っぽい」あなたの魅力を倍増させる、
こんなかわいい方法があります。——072
★失恋の傷を化膿させてしまう前に、
ぜひ知っておいてほしい別れのルール。——074
★「恋する適齢期」は人によって違います。
世間の声ではなく、たましいの声に耳を澄ませて。——077
★いつも恋愛している必要はありません。
恋のインターバルは、自分を磨く大切な時間です。——079

Chapter 3

「片思い」を卒業するにはコツがあります 絶対に後悔しない「告白」の方法

★「自信がなくて、自分からは告白できない」とき、抜群に効果のある「おまじない」とは?――083
★プライドの高さは、気の弱さの裏返し。傷つくことを恐れない、本当の「誇り」を持ちましょう。――086
★仕事仲間に恋をしたとき、こうすれば仕事に支障なく、上手に告白できます。――088
★友だちをとるか、彼をとるか。究極の選択をするときに、必要なこと。――090
★「男友だち」への告白!たとえふられても、いい関係に戻ることは必ずできます。――092
★見知らぬ人にひとめ惚れ!リスクを乗り越えて、ナチュラルに近づく方法とは?――094
★みんなが明るく楽しい必要はありません。「聞き上手」も立派な自己アピールです。――096
★絶対に人を愛せない「フランケンシュタイン」君。早く別れるのが幸せへの近道です。――099

Chapter 4

「別れの傷」を癒す魔法の言葉

★大好きな彼には、すでに恋人がいる!
それは、「真実の愛」に近づくチャンスです。――101
★愛を告白したのに、サラリとかわされた!
相手の気持ちを「察する」レッスンを始めましょう。――103
★煮えきらない彼と、どうつきあう?
あなたの「見る目」と「覚悟」が試されています。――105
★告白したら、ふられたうえに避けられるようになった!
この感性があれば、いつでも笑顔でいられます。――107
★愛した人を忘れる必要はありません。
思い出に変えればいいだけです。――111
★新しく出会う人を、別れた彼以上の恋人にする方法とは?――113
★昔の彼と、今の彼を比べてはいけません。
追いかけるべきは、過去ではなく、まっさらな未来です。――115
★「逃げた魚」を追いかけないこと。
それが恋上手な人の共通点です。――117
★別れの理由は問いつめないで。
大切なのは、「察する」ことと「学ぶ」ことです。――119

★別れのショックで、自信を失ってしまったとき、
このシンプルな考え方があなたを救います。――121
★もう二度と人を愛せない、愛されない。
そんな思い込みは今すぐ捨てましょう。――123
★別れた彼への憎しみに苦しむとき、
この方法を知っていれば心が静まります。――125
★やむをえない事情に負けた恋。
その十字架を背負うことで、たましいは磨かれます。――128
★恋しい人との死別。
その悲しみを癒すには……。――130

Chapter 5
「運命の出会い」のつくり方
さまざまな出会いを生かしていますか？

★強烈な「ひとめ惚れ」から始まる恋。
そのとき見失いやすい真実とは？――135
★「ゆきずりの恋」のつもりが、つい本気に！
それは「暗闇の手すり」ではないですか？――137
★異国だからこそ始まるドラマのような恋！
「海外での出会い」を本気の恋にするために。――139

★気合いの一本釣りで、すてきな恋を釣り上げる。
出会いの王道、「合コン」！――141
★大きな可能性とリスクを秘めた未来型玉手箱、
「インターネット恋愛」にハマる前に知っておきたいこと。――143
★現代の恋はここから始まる。
「お見合い」を見直そう！――145
★ただの友だち、ただの同僚が、急に気になる！
「出会いなおし」こそ、理想の恋の始まり。――147

Chapter 6
つきあっているのに、うまくいかない そんな恋の悩みに効くクスリ

★忙しくて、なかなか会えない。
そんな二人のラブ・メール活用術。――151
★彼との仲をどこまで進める？
迷ったとき、ベストな選択をする方法。――153
★モテモテの彼。その心をつなぎとめるには？――155
★好きなのに、すぐにケンカになってしまう。
恋を壊す前に仲直りするためのヒント。――157

★「独占欲」は愛情の裏返し。優しいコミュニケーションが特効薬です。──159
★愛を「暴力」で壊さないでください。最悪の事態を防ぐために必要なこと。──161
★「私は彼にふさわしくない？」その劣等感はポジティブに活用しましょう。──163
★「今の幸せが壊れるのが怖い」その不安を打ち消す、最高の方法とは？──165
★私の仕事を理解してくれない彼。その心の底にある気持ちに気づいていますか？──167
★「メル友」と「恋人」はどう違う？仮想恋愛ではない本物の恋をするために知っておきたいこと。──170
★彼と趣味が合わないとき、二人の絆を強めるこんな方法。──172
★「マンネリ」で悩むのは、恋の初心者。恋の本番は、「マンネリ」になった後から始まります。──174
★彼の信じる「宗教」が、どうしてもイヤなとき。そのサインには、素直に耳を傾けてください。──176
★恋愛観、結婚観のギャップに気づいたとき、二人が幸せになるための「別れ」もあります。──178

★恋と「お金」は無関係ではありません。
二人の将来を決める「お金の話」が彼とできますか？――180
★小さな生活習慣の違いを責めないで。
それは愛をはかるバロメーターです。――182
★彼の愛情が感じられなくなったとき、
三つの症状別に、効果抜群の対策があります。――184
★彼が二人の記念日を覚えていない！
それは、愛の深さと無関係です。――187
★愛は「サービス」。
センスのいいプレゼントをするための、すてきなヒント。――189
★彼をカウンセラーにしていませんか？
彼に重い話をするときに必要なマナー。――191
★「一度の過ち」をどう乗り越える？
「許し」という奇跡を起こすために、必要なこと。――193
★「彼に言えない秘密がある」「彼が秘密を持っている」
厳しい「宿命」が愛を阻むとき、あなたを強くするこんな考え方。――195
★「長すぎた春」にピリオドを打つには？
あなたを幸せにする結婚相手の見分け方。――198
★あなたの「独身主義」は本物ですか？
結婚と離婚は何度してもかまわない、その理由とは。――200

Chapter 7

二人の愛を守りぬくスピリチュアル・テクニック

★距離を「障害」ではなく「味方」にする。それが遠距離恋愛を実らせる秘訣です。――205
★人には「肉体の年齢」と「たましいの年齢」があります。「肉体の年齢差」は、恋の障害になりません。――207
★両親の反対にも耳を傾けましょう。その中に幸福へのキーワードが隠れています。――211
★その「不倫」に未来はありますか？彼の言葉にだまされない二つのポイント。――214
★彼が「前の彼女」と別れられない！そのとき彼の本心を見抜き、絆を強めるためにするべきこと。――218
★二人の男性を同時に好きになってしまった！その気持ちの奥に潜む本当の願いとは？――220
★彼がバツイチで、子どももいるとき、知っておきたい愛のルール。――222
★シングルマザーが恋をしたとき、この判断力が、確実に幸せを引きよせます。――224

Chapter 8

あなたを不幸にする「恋愛グセ」の直し方

★上手に愛を告白できない人へ。
とても簡単で効果的なレッスンがあります。――229

★いつも片思いで、告白してもふられてばかりいる人へ。
つきあって安らげるのは「自分に似た人」です。――231

★いつも同情から恋が始まる人へ。
「愛されたいだけ」のダメ男からは卒業しましょう。――233

★あなたの愛が、彼をダメにする?!
「尽くしすぎ症候群」を克服するには?――235

★いつも彼に振り回されてしまう人へ。
本当に愛されるのは「ノー」が言える女性です。――237

★いつも彼に合わせて自分を変えてしまう人へ。
１００％、彼の好みに合わせたとき、恋は終わります。――239

★いつも彼に貢がせてしまう人へ。
ブランド品は、愛の証明にはなりません。――241

★いつも彼をバカにしてしまう人へ。
彼の内面を見抜く目が曇っていませんか?――243

★彼に自分の理想を押しつけてしまう人へ。
あなたが変わることで、理想の恋が手に入ります。――245
★彼が振り向くと、いつも冷めてしまうという人へ。
愛の電池を蓄える効果てきめんの「瞑想法」とは。――247
★わざと仲を壊すようなことをしてしまう人へ。
石橋をたたき壊す前に、今の幸せを感じてください。――249
★いつも相手にすぐに飽きられてしまうという人へ。
ポジティブな言葉には、魔法のような効き目があります。――251
★いつも好きでもない人とつきあってしまう人へ。
「アルバム法」で、愛の感受性を高めましょう。――253
★セクハラ、ナンパ……。いつも「軽い女」に見られる人へ。
「軽い男」をよせつけないオーラが必要です。――255
★いつもセックスから始まる人、セックスだけの関係になるという人へ。
セックスよりすてきな「恋のプロセス」を楽しむ方法。――257
★いつも「妻子がある人」を好きになってしまう人へ。
調理ずみの魚より、自分で料理した魚のほうが絶対においしい!――259
★いつも「自分を好きになってくれない人」を好きになってしまう人へ。
心にかかったブレーキに気づいていますか?――261
★いつも「ダメ男」を好きになってしまう人へ。
忘れないでください。あなたには「愛される価値」があるのです。――263

Chapter 9

セックスにもスピリチュアルな意味があります

★セックスは神が与えた自然の摂理。お互いを癒しあう、愛と信頼のコミュニケーションです。――267
★セックスレスは、気づかぬうちに愛を蝕みます。手遅れになる前に、女性の側からできること。――270
★より良いセックスは、より良い愛のために必要なもの。相性が悪いと決めつけずに、二人で愛の研究を。――273
★体と心は、愛を支える二本の柱。「愛のあるセックス」こそが幸せを呼びよせます。――275

【スピリチュアル・パワーが授かるおまじない】
①愛を告白する勇気がわいてくる!――085
②合コンですてきな出会いをつかむ――142
③彼と上手に仲直りする――158
④愛の感度を高める方法――254
⑤イヤな男から身を守るには――256
⑥充実したセックスのために――272

エピローグ——277
★付録
症状別　恋の悩みを解消する処方箋——280
「護符」　あなたの恋と夢をかなえる究極のお守り——284

装幀★ミルキィ・イソベ

愛のスピリチュアル・バイブル

Chapter 1

知っていると幸せになれる恋と愛についてのスピリチュアルな定義

恋愛は感性の勉強です。

恋愛を通して、私たちはたましいを磨《みが》くのです。

たましいを磨く「いい恋愛」をするために、まず必要なもの、それは「定義」です。

恋とは何か。人はなぜ恋をするのか。本当の愛とは何か。恋と結婚はどう違うのか。

そういった根本的で重要な事柄《ことがら》をあいまいにしたまま恋をするのは、地図を持たずに見知らぬ街へ行くようなもの。迷子になって当然です。

また、地図があっても、交通ルールを知らないと、大事故を起こします。左側通行なのに右側を走れば、正面衝突して、人も自分も傷つけてしまいます。

すでに恋の大事故を起こした人もいるでしょう。けれど、学ぶのに遅すぎることはありません。その経験があるからこそ、ここに書いてあることがより深く理解できるはずです。

人生に無駄《むだ》はありません。苦い経験は、明日のあなたの幸せをつくる宝なのです。

さあ、今からがスタートです。恋と愛について、その定義とルールを深く学びましょう。

明日、よりすばらしい愛とめぐりあうために。

恋は、「他人を愛する」第一歩。恋するために、私たちは生まれてきました。

人はなぜ恋をするのだと思いますか？

それは、寂しいからです。考えてみてください。寂しくない人が恋愛をしたいと思うでしょうか。友だちや家族に恵まれ、お金もある。そういう人は、恋愛にも結婚にも仕事にも、それほど意欲が持てなくなるでしょう。

なぜなら、困っていないからです。人は、困ると求めたくなります。

寂しくて困るから、恋をしたくなる。結婚をしたくなるのです。

これは神様がつくった非常にうまい仕組みです。「寂しい」という感情を与えられた私たちは、いやでも恋をするように仕向けられているのです。

そして、じつは恋愛こそが、私たちのたましいを目覚めさせ、成長させる重要なポイントなのです。

恋によって、私たちは、苦しみを知り、喜びを知り、愛を知ります。

私たちが現世《げんせ》に生まれてきたのは、そういう経験を積むためです。

さまざまな体験を経ることで、より美しく豊かなたましいとなり、あの世へと戻っていくのが、私たちの使命です。

つまり私たちは、「恋するために生まれた」と言ってもいいのです。

けれど私たち人間は、最初から他人を愛することはできません。まず、自分自身を愛します。その愛が家族へと広がり、次に友だちへ広がります。そして思春期を迎えて、初めて恋を知り、他人を愛せるようになっていくのです。

自分ではなく、他人を愛せるようになる第一歩が、恋によってもたらされるわけです。

ですから、恋することはとても大切です。「恋愛」というと、低俗だとバカにするような人もいますが、決してそんなことはありません。

恋愛も神様が人間に与えた大切なもののひとつ。たましいを磨く重要なレッスンのひとつなのだということを覚えておいてください。

「運命の人」を、ただ待つのはやめましょう。「運命の出会い」をつくるのは、あなた自身です。

「この人こそ、私の運命の人」と思ったことはありますか？　あらかじめ恋に落ちると定められた人、それが「運命の人」だと思われがちですが、じつは少し違います。

まず知っていただきたいのは、「運命」と「宿命」は違うということです。

宿命とは、持って生まれた性別、国籍、家族など、自分の力では変えられないもの。一方、運命とは、自分の手で変えられるものです。

ケーキにたとえると、宿命はスポンジ部分、運命はデコレーション部分です。スポンジは変えられませんが、デコレーションは自分の好みしだいでいくらでも変えられます。

恋愛の相手、結婚の相手は、運命に属します。宿命ではありません。つまり、自分の努力で、いくらでも変えられるものなのです。「結婚する人とは、生まれながらに小指と小指が赤い糸で結ばれている」とよく言われますが、スピリチュアルな視点から言うと、そうではありません。最初から赤い糸で結ばれている人なんて、この世にいないのです。

私たちは、赤い釣り糸を持った釣り人です。出会いを求めて海に漕《こ》ぎ出すのです。

どんな海に出ていくかは、ある程度、「宿命」として決まっています。日本海に行く人もいれば、太平洋に行く人もいます。太平洋に漕ぎ出す人は、クジラと出会うこともできますが、日本海ではクジラは無理。そのかわり、おいしい寒ブリが泳いでいます。

つまり、どういう人と出会うかは、あらかじめ定められているのです。

あなたが現世で出会う人はすべて、前世《ぜんせ》から定められたスピリチュアル・フレンドです。ただし、出会ったからといって、恋が成就《じょうじゅ》するとは限りません。

恋が実るかどうか、それは「運命」です。

自分の力しだいで、その魚が釣れるか釣れないかが、決まるのです。

恋の相談に来られた方は、「この人は運命の人ですか？」とよく聞きます。私はいつも「運命の人になるかならないかは、あなたしだいですよ」と答えています。

また、「私には出会いがないんです」と言う人には、「陸にいたまま、ぼんやりと釣り糸を垂《た》らしていては、ブリもクジラも釣れないのは当然です」と言います。

「恋がしたい」と言いながら、家に閉じこもっていてはいけません。やはり、船を漕いで、沖まで出て、気合いを入れて釣り糸を投げ入れなければ、どんな恋の相手も釣れません。

どんな嵐の海でも、沖へ出ましょう。そして、一本釣りをするぐらいの気迫で赤い釣り糸を海に投げ入れてみましょう。「運命の人」との出会いは、そこから始まるのです。

うまくいかない恋を「相性」のせいにしていませんか？
最後の決め手は「相性」ではなく、「人間力」です。

沖へ出たら、今度はいよいよ釣り糸を投げ入れます。そのとき、釣りの腕と気合いがなければ、いい魚は釣れません。クジラを釣りたいと思っても、それにふさわしい体力、知力が備《そな》わっていなければ、クジラは釣り糸をひきちぎって、泳いでいってしまうでしょう。けれど、必死になってクジラを狙《ねら》う気持ちでいると、タイが釣れるかもしれません。

タイが釣れたら、今度はそれをどう料理するかが問題です。

料理の腕が下手《へた》だと、せっかくのタイがだいなしです。反対に、釣ったのはイボダイでも、料理の腕が良ければタイ以上のおいしい料理に化けることもあるでしょう。

では、料理の腕とは、いったい何か。それはあなたの「人格」です。

最終的にものを言うのは、あなたの「人間力」なのです。

たとえタイを釣って、ご機嫌だったとしても、料理の腕が悪いと別れが来ます。

「いい彼だと思ったんだけど、つきあってみるとたいしたことなかった」と言って別れたあと、彼が別の人とつきあい始めたら、すごくカッコよくなって、幸せになったとしましょう。その場合、料理人の腕が違っていたということです。
「相性《あいしょう》が悪かったのよ」と言う人がいますが、それは違います。
占いなどでは相性を指摘しますが、スピリチュアルな立場で言えば、相性はあまり関係ありません。お互いにきちんとした人格を持っていれば、どんな人とでも合うはずです。
別れを相性のせいにすれば、傷つかずにすむでしょう。けれど、自分のどの点が良くなかったから別れが来たのかを反省する視点がないと、次もまた同じ失敗をくり返すことになりやすいのです。
まず、海へ漕ぎ出すという行動（出会いを求める行動）、
次に、釣ろうとする気合いと技術（恋を求める意欲、人としての魅力）、
そして、釣った魚を料理する力（つきあう段階での工夫や努力、人間性）、
これだけのものが恋愛、そして結婚には必要です。
決して「相性」ですべてが決まるわけではないのです。
占いの本で相性を調べて、一喜《いっき》一憂《いちゆう》するのもときにはいいでしょう。けれど、「相性」だけに頼ってはいけません。料理の腕をあげること、すなわち自分自身を磨く努力をすることこそが、いい魚を釣り、おいしく料理するために必要なことなのです。

「恋愛」と「結婚」はどう違う？
それを知ることが、幸せになるコツです。

恋愛が進むと、結婚を考えるようになります。

恋愛も結婚も、たましいを磨くためのレッスンです。その意味では、この二つは似ています。けれど、決定的な違いがあります。何を学ぶかが違うのです。

恋愛は感性を学ぶためのもの、結婚は忍耐を学ぶためのものなのです。

恋をすると、相手のすべてが気になります。いつも彼のことを考えて胸をときめかせたり、せつなくなったりします。彼の気持ちがわからなくて苦しんだり、気持ちが通じたときは、天にものぼるほどうれしくなったりするでしょう。そんなふうに心が波立つ体験をする、つまり感性を学ぶのが、恋愛の目的です。これは非日常の体験です。

一方、結婚は日常生活です。日々、心が波立っていては社会生活は営《いとな》めません。毎日の積み重ねの中で、相手を許したり許されたりする。そういう忍耐を学ぶのが結婚です。

この二つの違いをしっかり理解しておきましょう。

恋愛モードのまま結婚してしまうと、失敗の原因になりかねません。

熱烈な恋愛をして結婚したけれど、すぐに憎《にく》みあうようになるカップルがいます。それは、恋愛時代のように愛し、愛されたいと願うあまり、忍耐して築《きず》き上げるという結婚の学びへと移行できないことが原因です。そこで相手への気持ちが萎《な》えてしまうのです。

反対に、恋愛をしているときに、結婚を意識して相手に合わせすぎたり、忍耐したりしてばかりいると、それもまた愛が育《はぐく》まれなくなって終わりが来るでしょう。

ですから、あなたが今、恋愛をしたいのか、それとも結婚をしたいのか、まずそれをはっきりさせておくことが大切になってきます。

恋愛をしたいのなら、感性を豊かにし、寂しさもせつなさも喜びも悲しみも味わわせてくれる相手を。結婚をしたいのなら、腰を落ち着けて、互いに忍耐を学びあい、手をとりあって社会と対峙《たいじ》できるパートナーとなれる相手を探しましょう。

恋愛と結婚の違いを、はっきりと意識しておくこと。

これは、恋愛だけでなく、いい人生を生きるためにも必要なことなのです。

「失恋」は何度してもいいのです。
それは幸せになるために必要なレッスンです。

恋愛は、喜怒哀楽《きどあいらく》のすべてを経験できるすばらしい体験です。

「あの人の心が知りたい」と強く願ったり、「私を好きになってほしい」と泣きたいぐらい望んだりする。こんなことは恋愛以外ないのではないでしょうか。家族や友人を「好き」と思う気持ちはあっても、気持ちの盛り上がり方は恋の比ではないでしょう。

そういう意味で、心の勉強、感情の勉強をするには、恋愛は最適のテキストなのです。恋はおおいにしてください。心がキュンキュンする体験は、どんどんすればいいのです。

恋をすると、自分を磨こうという気持ちになりますね。外見だけではなく、内面的にも、相手に好かれるだけの自分になりたい。相手が輝いているなら、自分も輝きたい。そう思って努力します。それも、たましいにとっては、すばらしい勉強です。

ですから、その恋の結果がどうであれ、関係ありません。

大切なのは、恋のプロセスです。

その恋で、どれだけ豊かな感情を体験できたか。喜びも悲しみも含めて、どれだけの涙を流せたか。そして、どれだけの努力をして自分を磨いたか。その点なのです。

たとえ結果が失恋に終わったとしても、それがなんでしょう。そのプロセスで味わった喜びも悲しみも、すべてあなたのたましいに刻《きざ》まれています。それが大切なのです。

失恋すること、ふられることを恐れる必要はまったくありません。

この定義がわかっていないと、「ふられるのが怖《こわ》いから、告白できない」ということになります。相談者の中にも、そういう方が非常に多いのです。

けれど、片思いのままでは、感性の勉強は不十分です。相手と深くかかわらないと、深い学びはできません。「ふられるのが怖い」と言う人は、海に出ているのに「釣れなかったらいやだ」と言って、釣り糸を投げないでいるのと同じです。

最初は釣れなくてもいいのです。エサだけとられて、逃げられた。「悔《くや》しい」と思うでしょう。「何が悪かったんだろう」と考えるでしょう。それが大切なのです。そしてまた気合いを入れなおして、再びエイヤッと釣り糸を投げ入れる。そのくり返しでいいのです。

そこに必ず、大きな学びがあるでしょう。

いつまでも釣り糸を投げ入れなければ、何も学べません。

ふられることを恐れていては、何も手に入らないのです。

「愛の告白」、その行為には、こんなすばらしい意味があるのです。

恋することは、「自分を捨てる」体験です。

「あなたが好きです」と、誰かに告白するとき、人はエゴを捨てています。

心臓がドクンドクン波うつほど緊張《きんちょう》し、断崖絶壁《だんがいぜっぺき》から飛び降りる覚悟で告白する。そのとき、心の中には「自分だけ得をしたい」「自分だけいい思いをしたい」という身勝手な欲求はありません。ただ自分の愛を相手に伝えたい。そのために自分はどうなってもいい。そういう気持ちがあるだけです。

つまり、恋の告白とは、「献身《けんしん》」と言ってもいい行為なのです。

もともと、人間はエゴイストです。この世に生まれて、肉体を持ったとき、まず自分という存在だけを大切に考えるようになります。自分という存在がなくなることに対して、大きな恐怖心を抱《いだ》くようになるのです。

すると、他人を愛することが難《むずか》しくなります。自分の殻《から》に閉じこもり、自分だけを守って生きようとしてしまいます。

それが、恋をすることで変わります。自分以上に大切な存在がこの世にある、ということが、わかるようになるのです。

恋によって、初めて人はエゴを捨てることができます。自分は傷つくかもしれないけれど、それでも相手に愛を伝えようとする、そこにたましいの大きな成長があるのです。

ですから、愛を伝える、告白するというのは、とても大切なこと。

それを必要以上に恐れる人は、エゴの強い人だと言えるでしょう。自分が傷つくことだけを恐れているのです。

愛を打ち明けるのは、相手のためです。自分が傷ついて痛い思いをしても、相手のために愛を表現する。そのレッスンを怠《おこた》ってはいけません。

そもそも、「傷つく」という言い方が良くないのです。失恋によって傷つくことなどありません。たましいが「磨かれる」だけです。好きな人に振り向いてもらえなかったら、寂しさはあるでしょう。けれど、その寂しさが、あなたを磨きます。

恋によって、失うものは何もありません。得るものもありません。あるのは、ただ「磨かれる」ことだけ。

恐れず、ためらわず、笑顔で愛を伝えましょう。それはあなたの心を磨くための、すばらしい体験なのです。

どうすれば「真実の愛」が手に入る？
人生の醍醐味を味わい尽くすために必要なこと。

あなたは今までに「真実の愛」に出会ったことがありますか？

そもそも「真実の愛」とは、どんな愛のことでしょう。

日本語で「愛」というと、崇高《すうこう》な愛から下世話《げせわ》な愛まで、すべてを指してしまうので、まぎらわしいのですが、スピリチュアルな考え方では、「愛」とは「神の愛」をさします。

前項でも書いたように、人間はまず自分という「個」を愛するようにできています。「自己愛」とも言いますが、これは真実の愛ではありません。「我欲《がよく》」です。自分さえ良ければいいという考え方。この段階から、人は愛を学び始めます。

いくつになってもこのレベルから脱していない人がいますが、それは愛の超初心者です。

多くの人は、自分だけではなく、家族を愛し、友だちを愛するようになります。けれど、家族愛も友情も、そんなに束縛《そくばく》のない、自由なものなので、自分を愛することと大きな矛《む》盾《じゅん》は起きないでしょう。

けれど、恋愛は違います。いよいよ「自分を無にして相手を愛する」真実の愛へのレッスンが始まるのです。

その人のためなら、自分はどうなってもいいと思う。我欲を捨てることができる。

つまり、「神の愛」に近づくファーストステップが、恋愛なのです。

ただし、「自分を無にする」とは、決して相手の言いなりになることではありません。

相手が本当に幸せになるためなら、厳しいことも言うし、どんなに自分が苦しくても、あえて別れを選ぶこともある。それが、愛です。

相手を甘やかしてスポイルすることは、愛ではありません。

ですから、何が相手にとっての本当の幸せか、それを見抜く目がないと、本当に人を愛することはできないのです。

「今、恋をしている」という人を見ると、さまざまなレベルがあることに気づきます。

ほとんど我欲と同じレベルの人から、快楽だけを求める「愛欲」レベルの人。究極は、マザー・テレサのように、無私の境地で万人を愛せる「神の愛」に至ります。

ふつうの恋愛では、なかなかマザー・テレサにはなれないでしょう。自分の身を投げ出して人の命を助けるような行為は、実際には難《むずか》しいと思います。

けれど、究極の愛、真実の愛とは、そういう行為の中にこそあるのです。

彼に対する愛が、今、どのレベルなのか、自分でチェックしてみましょう。

たとえば、「自分を愛してくれるなら」という条件つきで愛している。とすれば、それはまだ「我欲」の段階から出ていません。「私が寂しいときは優しくしてほしいけれど、彼が困っているときにサポートするなんて、できない」というのも同じレベルです。

もっと簡単にチェックするためには、愛の障害になりそうなものを軽い段階から設定して考えてみましょう。「彼がもしハゲても愛せるか」「水虫になったら」「デブになったら」「彼の会社が倒産したら」「ケチになったら」「半身不随《ふずい》になったら」「エイズウィルスに感染したら」……。あなたの愛は、どこまで耐えられるでしょうか。

もし、彼が半身不随になり、明日の命もわからない状態でも彼を愛せるとすれば、それはすばらしいことです。一生の中で一回あるかないかわからないぐらいの大恋愛です。

ただし、そのとき「自分を愛してくれるなら」という駆け引きの気持ちがあるなら、それは違います。そんな条件なしで、ただひたすら彼の幸せを願う愛。「彼がほかの女性と結ばれて幸せになるなら、私はそれでいい」と、そこまで思えれば本物です。

その愛まで到達したなら、愛が成就するかどうかは関係ありません。到達できた自分をほめてあげればいいのです。

そこまで人を愛せる自分になっていれば、「ふられることが怖い」とか「プライドが邪《じゃ》魔《ま》をして」というような悩みは、どこかに吹き飛んでいるでしょう。

では、どうすれば、そこまで人を愛せるようになるのか。

これは、一朝一夕《いっちょういっせき》にはできません。今までの自分のたましいの磨き方にかかっています。

生まれてから今日まで、どんな経験をしてきたか。

家族や友人をどれだけ愛してきたか。

いろいろな人の心の痛みをどれだけ理解してきたか。

すべてが、かかわってくるのです。

いい恋愛をする人は、必ず、今までの人生の中で多くの人を愛しています。さまざまな経験をして、そこから学び、身につけてきています。ほかの人への愛や思いやりを持たない人が、恋愛だけはすばらしい、ということはありえないのです。

だからこそ、恋はたくさんしたほうがいいと思います。

それも実《み》になる恋、たましいをレベルアップさせる恋をたくさん経験してください。

最初は「我欲」に近い、軽い恋愛でもいいでしょう。けれど、その中で傷ついたり傷つけたりして、いつかは本当に人を愛せるまでに成長していきましょう。そこに、恋愛の醍《だい》醐《ご》味《み》、人生の醍醐味があるのです。

人はなぜこんなに「愛」が好きなのか？この視点があれば、恋が長続きします。

もう少し、「神の愛」について補足しましょう。これがわかっていると、恋愛の本質も理解しやすいからです。

スピリチュアリズムでは、私たちは、「スピリチュアル・ワールド（たましいの世界）」から、現世に生まれてきた存在だと考えます。

スピリチュアル・ワールドでは、私たちのたましいは、「グループ・ソウル」と呼ばれる集団で存在しています。水の入ったコップをイメージしてください。そのコップの水の一滴があなたです。コップの水の成分は、数々の前世を生きたあなたであり、あなたを見守る「ガーディアン・スピリット（守護霊）」です。

今、この水は少し濁《にご》っています。それは未熟《みじゅく》だからです。

たとえば、あなた自身が優しさに欠けるとすると、それが濁りになります。私たちは、その濁りを取り、より透明で美しい水となって、もとのコップに戻らなければいけません。そうすることで、グループ・ソウル全体のステージが上がります。そうやって何度も現世へ再生をくり返し、螺旋《らせん》階段をのぼるようにステージアップして、頂上＝「完全な愛」を目指しています。これが、私たちの使命であり、生まれてきた意味なのです。

このグループ・ソウルがいくつも集まって、スピリチュアルな宇宙を形成していると考えてください。その宇宙全体が、神なのです。

言いかえれば、神とは私たち自身です。私たち自身が神の一部であるとも言えます。

もちろん私たちは未熟ですから、日常的に人を嫌ったり、憎んだり、良くないことを考えたりします。けれど、心の奥底には、神がいます。これを「神我《しんが》」と呼びます。

神は私たちを愛してくれます。なぜなら、私たち自身が神の一部だからです。

私たちは、たとえ小指の先でもケガをすると、激しい痛みを感じます。それと同じように、神も私たちが傷つくと、激しい痛みを感じるのです。これが、神の愛です。

現世において、私たちは一人ひとり個別に存在しているように見えます。個人、家族、学校、会社、国家など、さまざまなグループに分かれて存在しています。でも、スピリチュアルな視点から見れば、私たちはひとつの存在なのです。

ですから、たとえばどこかの国が言うことをきかないからといって爆撃し、戦争を始めたとすれば、それは自分の小指を切り捨てることと同じ。痛みは自分に返ってきます。

つまり、自分以外の存在を、自分のこととして感じる感性。これが、神の愛なのです。

この神の愛は、いたるところに見られます。

私たちは、美しいものを見ると感動しますね。たとえば美しい景色や音楽、あるいは美しい友情や親子愛などを描いたドラマを見て感動し、ときに涙を流します。

それは、そこに神の愛があるからです。人は本来、神なので、神（＝真・善・美）が好きなのです。そこに神を発見したとき、感動して泣けるようにできているのです。

恋愛の中にも、神の愛があります。人を好きになる気持ちの中には、「その人のためになりたい」という思いが含まれます。そこに、神が宿るのです。

だから、人は恋愛に憧《あこが》れるのです。相手から愛されると、なぜうれしいのか。相手の自分に対する思いやりに気づくからです。その思いやりの中に、神の愛を見るからです。

あなたが誰かを好きになったとき、その気持ちを素直に彼に伝えることで、彼はあなたの思いやりを感じます。だから、必ず「ありがとう」という感謝の言葉が返ってくるでしょう。あなたの気持ちが、神の愛に近い真実のものだとすれば、それを伝えてもらうことは、彼にとっては喜びだからです。ただし、あなたの中に、自分を守ろうとする卑怯《ひきょう》な気持ちがあるとすれば、そこには神の愛はないので、伝えたとしても彼は傷つくでしょう。

自分の思いの中に、神があるかどうか。相手を思いやり、自分を無にできる究極の愛があるかどうか。一度じっくりと振り返ってみてください。

それがないと、たとえ恋人ができても、長続きはしないでしょう。

本当の恋を長続きさせるためには、「神の愛」という視点が絶対に必要なのです。

「幸せな結婚」をする極意とは。「いい苦労」もあることに気づいていますか?

恋愛の先には、幸せな結婚というゴールがある。そう考えている人は多いでしょう。

けれど、結婚はゴールではありません。スタートです。

先の項で書いたように、恋愛は感性のレッスンであり、結婚は忍耐のレッスンです。

「そんなの夢がない」と思う人もいるかもしれません。けれど、よく考えてみてください。

人はなぜ結婚するのでしょうか。それは、みんな心に寂しさや不安を抱えているからです。一人で生きていくのは寂しいから、将来のことが不安だから、結婚を考えます。結局、人は弱い存在なのですね。自分を中心に考えてしまうエゴがあるのです。

けれど、そのエゴがあるからこそ、人は成長できます。

エゴに苦しみ、人を傷つけ、人に傷つけられるから、たましいは成長します。

結婚生活が始まると、互いのエゴがぶつかりあいます。新しい家族ができ、子どもができると、ますます愛を表現しなくてはいけない場面が増えるでしょう。エゴを捨てざるをえなくなるのです。それは、決してラクなことではありません。

「結婚」というと、甘いクリームでコーティングされたケーキのようなイメージがありますが、それはあくまで表面的なものです。結婚の本質は、じつはもっとシビアなもの。表面のイメージは、人に「結婚したい」と思わせるための、神様のはからいです。

結婚は楽しいだけのものでは決してありません。だからこそ、価値があるのです。

相談者の中に、「この人と結婚すれば、私は幸せになれますか？」と聞く人がいます。「はい、幸せになれますよ」と答えたときも、その後で必ず「幸せとは何か」ということを考えてもらうようにしています。

何も苦労がなく、一生、ハッピーに過ごせることが「幸せ」ではありません。山も谷もあるし、苦労もする。けれど、二人でそれを乗り越えることこそが「幸せ」なのです。そういう相手と結婚をしてください。

世間では、よく「つつがなく、お幸せに」と言いますが、つつがない人生では、人は成長できません。たましいは輝けないのです。

生きるということそのものが、勉強です。ラクしてできる勉強はありません。「そんなのいやだ。ラクしたい」と言う人は、「幸せになりたくない」と言っているのと同じこと。大好きな彼と、さまざまな「いい苦労」をして生きていく。お互いのたましいのレベルを磨きあって、高めていく。それこそ、幸せな結婚であり、豊かな人生なのです。

幸せな恋を実らせる三つの法則。

スピリチュアリズムでは、人が幸せになるためのルールが八つあると考えています。ここでは、その中から恋愛に関係するルールを三つ、お話しします。

①【波長の法則】
出会う人はみんな、あなたが自分で引きよせているのです。

人の心は、つねにエネルギーを発信しています。そのエネルギーは、同じ波長のエネルギーを持つ心を引きよせます。

あなたが出会う人は、すべて、あなたの心の波長が引きよせた人々なのです。

「類は友を呼ぶ」ということわざどおり、似た者どうしが引きよせあい、出会います。これが「波長の法則」です。

ですから、「私の周りには、ろくな人がいない」と思うなら、それはあなた自身が良くない波長を出しているということ。「私の周りには、優しい人が多い」と思うなら、あなたの波長が優しくあたたかいものだということです。

恋愛においても、この法則はあてはまります。

たとえば、「私はお金持ちでないと、いや」という気持ちでいると、確かにお金持ちの男性と出会えるでしょう。けれど、相手も同じように、恋愛相手をお金などの「物質」で判断するタイプの人です。つまり、女性を遊び相手としか考えられない人なので、恋に落ちたとしても、もてあそばれて終わることが多いのです。

そんなとき、相手を責めるのは簡単ですが、それでは何も解決しません。

そういう彼を引きよせてしまったのは、こちら側の波長なのです。

私たちは、自分と同じような心を持つ人にしか、出会えません。

「高給取りで、海外転勤もあるようなエリートと結婚したいんです。そういう人と出会えますか？」と尋《たず》ねる人もいます。では自分はどうなのかと振り返ると、英語も話せない、着物の着付けも、お料理もできない、社交も苦手。これでは、たとえ海外転勤についていっても、すぐに音《ね》をあげてしまうでしょう。そんな人の前に、棚からボタもちのようにして、いい縁が降ってくるはずがないのです。

本当にそういうエリートと出会って、結婚したいと思うなら、まずそれにふさわしい自分になるための努力から始めなくてはいけません。英語や着付けをマスターするには一朝一夕では無理です。「自分を高める努力をしよう」という強い波長を、長く出し続けていくことが必要です。それなしに、ラッキーな出会いを求めても無理なのです。

さらに詳しく言うと、私たちは同じ波長の人とだけ出会うわけではありません。

たとえば、気の弱い人の周囲には、気の弱い人が集まります。けれど、それだけではなく、その気の弱さを利用しようとする人もあらわれるのです。つまり、いい意味でも悪い意味でも、自分自身が出している波長にぴったりとハマる相手が出てくるわけです。

「私はもてあそばれてばかりいる」という人は、弱くて寂しい波長を出しているから、それにつけこむ人が寄ってくるわけです。

「人間的にみても、すばらしい人との出会いが続いている」というときは、自分の出している波長も高く、強いものになってきている証《あかし》です。すてきな人と出会いたい。幸せな恋をしたい。そう思うなら、まず自分の出している波長を高めることが大切です。

もちろん、生きていればつらいことも苦しいこともありますが、それでも、できるだけ毎日を明るくポジティブに過ごそうと心に決めてください。人を妬《ねた》んだり、恨《うら》んだり、自分を卑下《ひげ》したりしてはいけません。それは弱く暗い波長となって、周囲に影響を及ぼします。同じようにネガティブな人や、弱みにつけこもうとする人を呼びよせてしまうのです。

いつも強くて明るい波長を出すようにしましょう。その波長は遠くまで飛んで、あなたの望む理想の彼に届きます。その幸福な出会いは、明日、訪れるかもしれません。

②【カルマの法則】
自分でしたことは、すべて自分に返ってきます。

二つ目の法則は、「カルマの法則」です。カルマとは、因果律《いんがりつ》のこと。この世のすべての物事は、何らかの原因によって生じた結果である、ということです。

自分が何かの行為をすれば、良きも悪しきも、その結果は必ず自分に返ってきます。自分でまいた種は、自分で刈り取らなければいけません。それが、この世のルールです。

人に優しくすれば、人から優しくしてもらえます。反対に、人を憎めば、人から憎まれます。あなたの人生を振り返ってみると、いろいろな場面でこのルールが働いていることが実感できるのではないでしょうか。

人に愛してもらいたいと思うなら、まず自分から愛することが必要なのです。

ただし「愛してもらいたいから」という動機から始まると、そこに打算が入りますから、いい結果は生まれません。いいカルマにならないのです。

自分では、いい行動をしているつもりでも、動機が不純ではいけません。表面の体裁《ていさい》だけを取り繕《つくろ》っても、思いが伴っていなければ、「思いと違う行動をした」というカルマとなって返ってきます。

また、言葉に出した事柄も、そのまま返ってきます。たとえば「私はどうせモテないから」と言葉にして言っていると、本当に「私はモテない」という気持ちを自分に植えつけることになり、ネガティブな思いにとらわれるようになります。暗い雰囲気になり、恋人どころか、友人も近づかなくなるでしょう。ネガティブな言葉がカルマとなって、返ってきているのです。

「行動」「思い」「言葉」。この三つを大切にして、つねに明るいほうへ、正しいほうへと向かっていれば、必ずいいことが起こります。本当に不思議なぐらい、そうなのです。

反対に、打算で生きていたり、人を裏切ったりしていると、すぐにそれとはわからなくても、必ずいつかは結果となって返ってきます。

たとえば、「お金持ちと結婚したい」「外交官と結婚したい」という思いを抱いて、実際にそういう相手と結婚できたとしましょう。一時は夢がかなって幸せを感じるかもしれません。けれど、相手そのものを見ずに、条件だけで選んだということは、カルマになります。表面的にはリッチでも、二人の間の愛が貧しいために、不倫に走ったり、不満をためこんで病気になったりする、という形で返ってくるのです。

不倫の恋については、また章をあらためますが、悪いカルマになる不倫と、ならない不倫があります。相手のことが本当に好きで、前向きに再婚を考えているなら、それは悪いカルマにはなりません。反対に、今の家庭を壊すつもりはないまま、不満のはけ口として遊びで不倫をする場合、これは良くない結果を起こすカルマとなります。

なぜならそこに、たましいを磨くものがないからです。結局、自分さえ良ければというエゴから抜け出ていない、物質中心の未熟な状態だからです。

こういう不倫は、やがて周囲にばれて家庭が壊れたり、夫も自分を裏切って不倫をしていたり、あるいは子どもがグレたりする、という形で返ってくることが多いのです。

今起こっていることは、自分のどういう「行動」「思い」「言葉」が引き起こしたものなのか、素直な心で振り返ってみることが大切です。

間違ってはいけないのは、このカルマの法則は、神様が与える罰ではないということ。「そんなことをすると、バチがあたるよ」とよく言いますが、神様は決してバチをあてたりしません。すべては自分が引き起こしているのです。左側通行というルールがあるのに、それを無視して右側を走れば、正面衝突するのは当然のこと。それは「バチがあたった」のではなく、自分が引きよせた不幸なのです。

本当に幸せを求めるのなら、幸せを引きよせるカルマを多くつくりましょう。

笑顔ひとつでも、それが心からの笑顔であれば、いいカルマとなります。他人を思いやる優しい言葉も、いいカルマとなって自分に返ってきます。

幸せな恋というのは、ある日突然、棚ボタで落ちてくるものではありません。

日々の行動、思い、言葉の延長上に待っているものなのです。

③【幸福の法則】
幸福を引きよせるには、まず「本当の自分」を知りましょう。

自分の幸せは、自分で築くことができます。自分の運命は自分の手で変えられるのです。宿命と運命の違いを思い出してください。宿命は、自分では変えられません。持って生まれた性別や家族、容姿などが、宿命です。

一方、運命は自分で変えられるものです。たとえば、持って生まれた容姿をいかに磨いて、チャーミングな人になるか。それは本人しだいなのです。

自分の宿命を受け入れ、それを生かしていく方法を考えて努力すれば、必ず道は開けます。反対に、自分の宿命を嘆《なげ》いたり恨んだりしていると、運命は開けません。スポンジケーキのスポンジ台の上に、なんのデコレーションもできないまま終わってしまうのです。

まず、自分の運命は自分でつくる、ということを心に刻みつけてください。

そのために必要なのは、自分はどんな宿命のもとに生まれてきたのか、ということを、はっきりと知ることです。

今は自分の「分《ぶん》を知る」とか、「分不相応《ふそうおう》」という言葉はあまり使われなくなりました。けれど厳しいようですが、人にはその人なりの「分」があります。「器《うつわ》」があるのです。

その器いっぱいに水を入れようと努力することは大切です。けれど、器以上の水を入れようとすれば、無理が生じます。どうしてもそれだけの水を入れたいなら、器を壊して、大きくするしかありません。それは並大抵の努力と精神力でできることではないのです。

シンデレラの物語を思い出してみてください。シンデレラは、もともと召使いだったわけではありません。もとは、お金持ちのお嬢様だったのです。だから、王子様と結婚しても、二人の器に大差はなかったわけです。

ただし、シンデレラが「世間知らず」なお嬢様のままだと、王妃の器ではなかったかもしれません。それが、継母《ままはは》や義理の姉たちにいじめられ、こき使われることで、人格的に磨きがかかり、多少の苦労には動じない精神力を養えました。だからこそ、ハッピーエンドを迎えられたのです。

もともとの器もなく、苦労もしない人の前に、いきなり夢のような王子様があらわれて、玉の輿《こし》に乗せてくれるはずがありません。

まず、自分を客観的に見つめましょう。自分とシンデレラの違いは何か。その違いを埋めるためには、何ができるか。そのための努力を続ける精神力が自分にはあるか。

そういったことを含めて、自分を知ることが大切です。

客観的に見つめ直した自分は、もしかすると、みすぼらしくていやかもしれません。けれど、生まれ持った自分なりの良さは、どんな人にも必ずあります。そこを見落とさないでください。その良さを生かすこと。その良さに合った彼を見つけること。そのとき初めて、幸せな恋が訪れるのです。

自分の宿命（器）を知ったうえで、「それでも私は器を乗り越えて理想を目指す」という生き方もないわけではありません。けれど、その背後には大きな苦労があります。

どんな人でも、プラス（いいこと）の分量とマイナス（悪いこと）の分量は同じです。プラスが大きいように見えても、その背後には必ず同じ量のマイナスがあるのです。

すべてこの世は、光と影。光だけのことも、影だけのこともありません。影を経験するから、光の美しさがわかるし、光を経験するから、影の悲しみがわかるのです。すべてが学びです。

自分の器をよく見つめ、自分のプラスとマイナスのバランスをうまくとりましょう。プラスとマイナスが両方あるから、成長できるのです。全部がプラスになることはありえません。また、全部がプラスになることが、幸せではないのです。

確かに、自分の幸福は自分でつくれます。ただし、そのためには自分を客観的に見つめて、自分の器を知ること。その良さを認めて、精一杯努力することが大切です。そして表面的な成功や豊かさという光だけに目を奪われることなく、その後ろにある影も味わってください。その両方をバランスよく引き受けること、その覚悟を持つことです。

それが本当の幸福への道筋。スピリチュアリズムで言う「幸福の法則」なのです。

Chapter 2

「恋ができない」あなたへの処方箋

「恋愛ができない」「出会いがない」「恋が面倒くさい」

そんな言葉を口にしているあなた、それは本心ですか？

そういう愚痴《ぐち》の裏には、「誰かがなんとかしてくれるだろう」「棚からボタもちのように、幸運が降ってこないかな」と望む依存心がありませんか？

何かに頼ろうとする依存心を持っていると、幸せにはなれません。

依存する波長を出すと、ガーディアン・スピリット（守護霊）に感応《かんのう》できないのです。

自立心のあるポジティブな波長こそが、ガーディアン・スピリットにつながります。すると、幸せを呼びよせるいい智恵やメッセージが、偶然を装って与えられるのです。ハッと心ときめく出会いも訪れます。

人生に必要なのは「念力」と「タイミング」。自分の力でなんとかしようとする強い念力と、タイミングを見逃さない智恵が必要なのです。恋愛においてもまったく同じです。

一章を読んで、たましいのルールを学び始めたあなたは、自立心と念じる力の大切さに気づいたでしょう。タイミングを見計らう智恵を持ち始めています。もっと深くこのルールを理解すれば、さらに幸せに近づけます。さあ、がんばりましょう。

「高すぎる理想」のこんな落とし穴。見方を少し変えるだけで、幸せは訪れます。

「私の周囲には、いい男がいないんです」という若い女性の悩みをよく聞きます。

たとえば包容力があって、ユーモアのセンスがあって、見た目も良くて、高給取り。

「そういう人なら、尊敬できるし、好きになれると思うんですけど」

もちろん、そうでしょう。けれど、その理想像を描くとき、欠け落ちているものがあります。それは、自分自身へのまなざしです。


一章でお話しした「幸福の法則」を思い出してください。

人にはそれぞれ自分の器《うつわ》があります。その器を見極《みきわ》めないと、幸せにはなれません。自分の器をよく見つめて、「私はどういう人となら合うのだろうか」と考えてみてください。

「高嶺《たかね》の花と言われても、あの人が好き。だからがんばる」というのなら、そのポジティブな気持ちは応援したいと思います。実際に、相談者の中にも、すごい努力をして、理想の彼と結ばれた人もいます。一概に「高い理想を持つのが良くない」と言うつもりはありません。

けれど、高い理想を持つのであれば、その分、自分自身をきちんと見つめ、相手につりあう自分になるよう努力することが必要です。

その努力は、強い精神力と、相手への愛がないと、続けられないでしょう。

高い理想を持つなら、まずその覚悟をすることが必要だと思います。

また、高すぎる理想を持っている人は、「心」で恋をしていない場合が多いようです。「彼を恋人にすれば、友だちに紹介したときも鼻が高い」など、自分がどれだけ得をできるか、という視点で相手を見ていることが多いのです。

それは、スーパーで野菜を選ぶのと同じ感覚です。相手を人として見ていません。

あなた自身の中に、あなたなりのチャームポイントがあるように、すべての人には、その人なりの良さが必ずあります。そこを見抜く目のある人が、幸せになれるのです。

吟味《ぎんみ》して傷ひとつないキャベツを選んでも、下手《へた》な料理人の手にかかれば、まずい野菜炒《いた》めにしかなりません。逆に、やや難ありのキャベツでも、おいしい回鍋肉《ホイコーロウ》はつくれます。

周囲の少し情けなく思える男性の中から、あなたの「理想」を引き出しましょう。

見方をほんの少し変えるだけでいいのです。「恋人になる人は、こうでなくちゃ」という思い込みを捨てて、素直な目で、周囲の男性を見つめてください。「ああ、この人にはこんな良さがあったんだ。それもいいかもね」と思えるようになったら、一歩前進です。

二人で幸せを育《はぐく》んでいけるすてきな彼は、案外あなたのすぐ隣にいるのです。

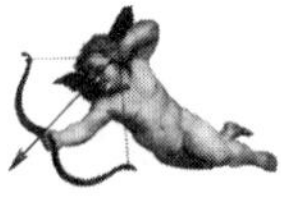

出会い方にこだわらないで。「お見合い」もすてきな恋愛の第一歩です。

「仕事が忙しくて、出会いがないんです」という人はたくさんいます。そんな人に私はいつも、「あなたは、忙しいと、ご飯を食べないんですか?」と聞くようにしています。人は、どんなに忙しくても、最低限の食事はするでしょう。「食事と同じぐらい、恋することが私には必要だ」と思っていれば、必ず出会いは訪れます。

人生に必要なものは、「念力」と「タイミング」です。

縄跳び遊びを思い出してください。縄に入るときは、「よし、入るぞ」と強く念じて、タイミングを見計らって飛び込みます。ぼんやり考えていると、いつまでも入れなかったり、縄に足がひっかかったりするでしょう。

恋もそれと同じこと。「恋がしたい」「いい人と出会いたい」と強く念じることがまず大切です。この祈りは必ずあなたのガーディアン・スピリット（守護霊）に通じます。

けれど、ただ祈るだけではいけません。行動が伴わないと、ガーディアン・スピリットに思いが伝わりにくいのです。たとえば、合コンを自分からセッティングするぐらい積極的になってみましょう。その強い思いと行動力は、必ずいい結果を引きよせます。

もうひとつ、私がぜひお勧《すす》めしたいのが、「お見合い」です。

今はお見合いの時代です。20〜30代の男性が、今どこにいるかというと、会社にいるのです。仕事のできるすてきな人ほど、会社に縛《しば》りつけられて、街に出てくる暇《ひま》はありません。そんな時代だからこそ「お見合い」が有効なのです。

人の紹介でもいいし、コンピュータシステムのお見合いでもいいでしょう。そこで出会って幸せになったカップルは、たくさんいます。

「お見合いで出会うような相手は、自分で相手も探せない、ダサイ人に決まっている」というのは、時代遅れの偏見です。今は、お見合いのほうがすてきな人と出会える可能性は高いのです。相手のことがよくわかっている分、リスクも少なくてすみます。

「お見合いで出会うなんて、ドラマティックじゃない」と思う人もいるかもしれませんが、出会いはどんな出会いでも同じです。決して偶然ではありません。あなたの宿命の「海」の中に、その彼がいたから出会ったのです。お見合いは、恋愛の第一歩です。

出会いにドラマ性を求める人は、恋を夢見るロマンティストなのですが、言い方をかえると幼児性が強いということでもあります。

大人のいい恋をしたいと思うなら、出会い方にこだわるのはやめましょう。

「好きになれる人がいない」その本当の理由に気づいていますか？

念力が足りないと、恋は始まりません。

「いい恋がしたい」と強く念じることから、すべては始まると言ってもいいのです。

たとえば、どこかへ食事に行くときに、「今日は絶対においしいものを食べたい」と強く念じれば、必ずいいお店に行けるでしょう。

なぜなら、思いが強ければ、まず雑誌などでリサーチをしたり、友だちから評判を聞いたりするからです。そうやって時間と労力をかけて選んだ店なら、まずはずれることはありません。ぼんやりとしていても、たまたまいいお店に当たることはあるかもしれませんが、それはまぐれです。何度も同じことは続きません。

恋もそれと同じです。

好きになれる人がいないのではないのです。

好きになれる人がいるようにがんばろうとしていない、ということなのです。

出会うチャンスはあるからといって、なりゆきに任せていてはいけません。横着《おうちゃく》をすれば、その分、いい人とは出会えないのです。中途半端《はんぱ》な気持ちでは、中途半端な人としか出会えません。波長の法則、カルマの法則を思い出してください。

「好きになれる人と出会いたい」と思うなら、強くそれを念じて、いつもとは違う行動パターンをとってみましょう。新しい趣味を始めてもいいし、いつもは行かないパーティに顔を出してみてもいいでしょう。

また、どういう人が自分に合っているか、ということをよく考えておくことも必要です。そのためには、まず自分自身を知ることです。

たとえば、気の強い女性は、「私以上に強い男がいい」という場合が多いのですが、じつは優しいタイプのほうが合うこともあります。「頼りない男はいや」と思い込んでいると、絶対に女性を幸せにはできない危険なヤクザタイプの人を追いかけたりして、結局、泣くことになりやすいのです。これもカルマの法則です。強いものだけを求めていたから、自分がその強さによって苦しめられるのです。

自分自身を幸せにする恋。そして相手の幸せに自分が役立てる恋。

そんな恋を手に入れるためには、まず自分自身を知ること。そして、強く念じて、新たな行動をとることです。

そうすれば必ず、昨日とは違う、すてきな出会いが待っているはずです。

「人生の目標」と「恋の喜び」は両立します。どちらかをあきらめる必要はありません。

「雑貨屋を開くために、今、資金を貯めています。だから恋愛どころじゃないんです」

「スチュワーデスの試験に合格するまでは、恋はしないと決めています」

そんなふうに、自分の夢に向かって無我夢中でがんばっているとき、気持ちが恋愛モードにならないのは当然です。それはそれで、まったく問題はありません。

周囲の人は、「そろそろ適齢期だから」とか「恋人のひとりもいないなんて、カッコ悪い」などとうるさいかもしれません。けれど、そんな声に惑《まど》わされないでください。

恋をすること、結婚をすることだけが、人生のすべてではありません。

「適齢期」という言葉は、世間がつくったもの。

本当の適齢期は、自分の中にあるものです。「恋がしたい」「結婚がしたい」と、心から思えたとき、それが適齢期なのです。

結婚しない人生も、もちろんあります。

その人には、その人なりの別の課題があり、別の学びをしているだけです。みんなが結婚しなくてはいけないわけではありません。

恋も結婚も、あくまでそれを通していかに自分が学べるか、という点がポイントです。世間の価値観に振り回されていると、肝心のそのポイントを見失ってしまうのです。今は、何をすることが自分の学びになるのか、冷静に見つめて判断しましょう。

ただし、「恋はあきらめている」となると、少しニュアンスが違ってきます。夢や目標のために恋をあきらめる必要などないのです。

恋人の存在が励《はげ》みになって、夢へ向かうパワーが増すことも十分あります。

波長の法則、カルマの法則を理解して、「思い」と「言葉」と「行動」をつねに前向きに整えていれば、恋も夢も、両方を得ることは決して不可能ではありません。

ひとつ得たら、ひとつ捨てないといけない、ということではないのです。

「ふたつを両立させてください」と強く念じることです。そして、どうすれば両立できるか、必死に考えて行動すれば、必ずうまくいきます。

努力する前からあきらめていると、うまくいくものもいかなくなるでしょう。

幸せは、自分の力で手に入れるもの。この基本を忘れないでください。

「容姿や性格に自信がない」から、恋に臆病になっているあなたへの処方箋。

女性には、みんなチャームポイントがあります。みんな「かわいい」のです。

ただ、周囲の愛が足りなくて、幼いころから誰からも「かわいい」と言ってもらえなかったり、心ない言葉で傷つけられてきた人は、それがわからなくなります。自分に自信が持てなくなってしまうのです。

けれど、厳しいようですが、そこで立ち止まっていてはいけません。

「泣くのがいやなら、さあ歩け」という水戸黄門のテーマソングがありますね。本当にあの歌詞のとおりなのです。立ち止まっているかぎり、泣き続けるしかありません。

「私は少しもかわいくない」とか「性格もイジケてるから、好かれるわけがない」などと本気で思っていると、そのネガティブな思いが波長を引き下げます。

すると、周囲には同じようにイジケたネガティブな人や、その弱みにつけこんでいじめる人しかあらわれません。すてきな恋の相手など、あらわれるはずがないのです。

そもそも、芸能人のような顔とスタイルを持っていれば美しいのかというと、決してそうではありません。

人にはそれぞれ、その人なりの美しさがあります。その自分の良さを、自分でどう料理して前面に押し出すか。それが大切なのです。釣り上げた魚をどう料理するかは、料理人の腕しだいだと一章で言いました。それと同じように、自分自身をどう料理するかも、自分しだいなのです。

素材が良くないからといって、捨ててしまうのか、それとも、素材のいい部分をうまく引き出して、おいしい料理をつくるのか。あなたは、どちらを選びますか？

ヘアメイクやファッション、ダイエットなどで、誰でも本当に見違えるように美しくなれます。最近多い、テレビの変身コーナーなどを見ていると、人は誰でも磨《みが》けば輝く原石なのだということがわかるでしょう。

自分の容姿に自信がないと言ってあきらめる前に、できることは何でもチャレンジしてみるぐらいの前向きな気持ちを持ってください。

そのポジティブな気持ちを持った時点で、すでにあなたは美しくなっています。ポジティブな思いが、あなたを輝かせるからです。

「私はどうせダメだから」と思い込んで、努力しない人は、謙虚《けんきょ》なようでいて、じつは傲《ごう》慢《まん》です。

愚痴を言っていれば、誰かが何とかしてくれる、と思う依存心があるのです。

自分のコンプレックスは、自分の力でなんとかする。まず、そう決意してください。その決意さえできれば、努力する方法はいくらでもあります。

情報を集めて、トライすればいいのです。私は整形にはあまり賛成ではありませんが、もしプチ整形をすることで前向きな気持ちになれるなら、試みてもいいかもしれません。ただし、「整形することで、絶対に自分に自信を持って、明るく生きてみせる」と決めてからにしてください。そうすれば、きっと成功します。

また、同じようなタイプの暗い人と集団になって、傷をなめあうのはやめましょう。「あんなふうになりたい」と思える、すてきな友だちを見つけることが大切です。「引き立て役にはなりたくない」などと思わずに、積極的に近づいて、いい部分を学ばせてもらいましょう。その子の持つポジティブなオーラを分けてもらうのです。

ただし、「あの子と友だちになると、自分もいい思いができるから」などという打算が入ってはいけません。それはカルマとなって、どこかで返ってくるでしょう。

ネガティブな気持ちの中から、ポジティブな力は生まれません。

泣くのをやめて自分の足で歩きましょう。そのとき、すてきな恋が舞い降りるのです。

彼の気になる欠点を発見！
そのとき、恋の炎を消さずにすむ方法とは？

つきあい初めのころは楽しいけれど、すぐに彼の欠点が目について、別れてしまう。

そういう人は、彼の本当の姿が見えていないのです。自分の理想という額縁《がくぶち》に当てはめて見ているために、その額縁からはみ出したり、バランスが悪かったりしたとき、すぐに「ダメ」という烙印《らくいん》を押して、次の絵に取り替えようとしてしまうのです。

本当は、相手に合わせて額縁をつくるべきなのです。額縁を優先すると、中の絵がどんなに個性的ですてきでも、絵の良さは崩《くず》れてしまいます。

まず彼という人間をそのまま受け入れて、それから彼を引き立てるには、どういう額縁を選べばいいかを考えてください。どういう目で彼を見、どういう対し方をすれば彼が引き立つか。それを考えてほしいのです。

とはいえ、相手に対する気持ちが急に冷《さ》めることは確かにあるでしょう。

たとえば、電車の中で、目の前に立っているお年よりに席を譲《ゆず》らなかったり、平気で道《みち》端《ばた》にゴミを捨てたり。相談者の中には「初めてのデートで食事をしたとき、彼がお皿をお箸《はし》で引きよせたのを見ただけで冷めた」という人もいました。

「恋人には、いつも優しい人でいてほしい」という気持ちが強いと、電車の中で席を譲らないというようなことが、冷めるきっかけになるでしょう。けれど、人間はいつもゆとりがあって、人に優しくできるとは限りません。疲れているときもあれば、気がつかないときもあります。

相手にいつも優しさを求めるのは、自分の持っている額縁を優先している証拠です。相手のあるがままの姿を受け入れようという気持ちがあれば、そのときの彼の状況が見えるでしょう。そして、お年よりに気がついていないなら、「席、譲ろうよ」と声をかけてあげればいいのです。彼は、「あ、そうか」とすぐに気づいてくれるかもしれません。

道にゴミを捨てたり、食事のマナーを知らなかったり、服のセンスが悪かったり、そういうことはすべて、あなたが優しく教えてあげれば変えられることです。

もし優しく言っても直してくれないなら、そのとき考えましょう。そんな彼を受け入れられるのか、それとも別れるしかないのか。それを見極めるチャンスでもあります。

すぐに相手に「ダメ」という烙印を押して別れるのは、幼い行動です。

すてきな彼は、自分の手でじっくり育ててみせる。それぐらいの度量を持ちましょう。

今はひょろひょろした若木でも、育て方しだいでは、みごとな大木に育ちます。彼にもその可能性はたっぷり残っているのです。

「男性が怖い」「セックスがいや」その理由を知ることが克服の第一歩です。

「男性が怖《こわ》い」「セックスがいや」という場合、必ず何か原因があります。

まずその原因を突き止めることが必要です。

多いのは、幼いころの家庭環境に問題があったという場合です。たとえば、お父さんのしつけが異常に厳しかったり、性的虐待《ぎゃくたい》を受けていたり、あるいは両親の夫婦仲が悪かったりすると、男性への嫌《けん》悪《お》感《かん》が育ちやすいようです。

女性にとって、父親の存在は、恋愛するときの大きなキーポイントになることが多いので、いつも恋愛がうまくいかないという人は、お父さんとの関係を振り返ってみるといいでしょう。

また、過去の恋愛において、男性からひどい目にあわされたという経験も、トラウマとなって、男性恐怖、セックス恐怖に結びつく場合があります。

いずれにしても、これは一人で解決できる問題ではないので、まず心理カウンセラーなどのプロの手を借りることを考えたほうがいいでしょう。

多少、お金がかかっても、それは絶対に必要な投資です。

自分が明るく前向きに生きるためなら、どんなにお金を使ってもいいのです。

それでも原因がはっきりしない場合、スピリチュアルなカウンセリングを受けてみてください。前世《ぜんせ》のトラウマがかかわっているケースもあるからです。

私が相談を受けた例では、前世で兄弟姉妹を養うために、自分だけ好きでもない人と結婚して、セックスが苦痛でたまらなかった、という経験をしていた人がいました。それで、現世で生きている今も、セックスに対して拒否反応があるのです。

そういう場合は、前世療法によって、問題の根源まで解き明かしていきます。

原因を理解することが、治療の第一歩なのです。

あなたが今、悩んでいることには、必ず理由があります。そこから目をそらさずに、乗り越える努力をしましょう。自然に解決するということは、まずありません。

元を断つこと。これが大切なのです。そして、不思議なことに、原因を理解するだけでも、ずいぶんと症状は良くなっていくのです。

乗り越えられない困難は、現世にありません。その戦いの中で、たましいの課題が見えてきます。課題を乗り越えようと力を尽《つ》くすとき、そこにたましいの成長があるのです。

「人づきあいが苦手」でも、恋はできます。恋愛の一歩前から始めてみましょう。

「私は人づきあいが苦手《にがて》です。結婚できるでしょうか」という相談もよく受けます。

人づきあいが苦手という人は、二つのパターンに分かれます。

ひとつは、家庭環境が良すぎたために、他人とのつきあい方が学べなかった、というケースです。両親にとても大切にされすぎて、過保護に育てられたために、他人とのつきあいが苦痛になってしまったのです。

いくら大切にしてくれても、両親とはいつか別れなければいけません。

「一人になると寂しい。だから結婚したい」と思っているとすれば、本当に誰かを愛し、一緒に幸せを育んでいく結婚がしたいというより、今の不安を紛《まぎ》らわせてほしいだけではないでしょうか。これでは、物質的な満足だけを求める人と大差ありません。

そういう人が今するべきことは、恋人や結婚相手を探すことではありません。

まず「親離れ」をしてください。一人暮らしを始めるなり、経済的に自立したりして、親から独立しましょう。

親から離れて、決して甘えさせてくれない他人とのつきあい方を学ぶことが、今の課題なのです。そうやって、自立する努力をしているうちに、本当に愛せる他人、愛してくれる他人とめぐりあい、新しい家庭を築《きず》いていけるようになるのです。

二つ目は、いじめにあった経験から、人づきあいが苦手になるケースです。これも、自分自身で克服《こくふく》しようと決めなければ、始まりません。

この世には、さまざまな人がいます。いじめて喜ぶ人もいれば、いじめられている人をかばう人も必ずいるのです。自分自身の波長をつねに明るく、強く保っていれば、必ず自分と合う人と出会えます。他人への苦手意識を克服することは、絶対にできるのです。

ただし、最初に同性の友だちをつくろうとすると、失敗することがあります。女の子どうしは、相手に厳しくなりやすいからです。けれど、男の子は基本的に女の子に優しいですから、まずはボーイフレンドをつくって、リハビリしましょう。「恋人」ではなく、「友だち」として、楽しい時間を過ごせる相手はいないか、探してみてください。

そんなふうに、恋の一歩手前から始めるといいのです。

自分にできるところから、できる範囲で努力をしましょう。その範囲を少しずつ広げていけば、少しずつたましいが成長します。人は人の中でしか磨かれません。傷つくことを恐れず、人の中に出ていきましょう。その勇気が、明日の幸せのもとなのです。

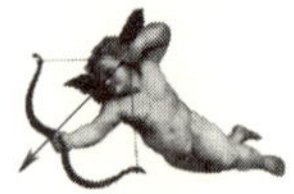

「男っぽい」あなたの魅力を倍増させる、こんなかわいい方法があります。

さっぱりした「男っぽい」性格の女性は、じつはとても女性らしい人だと思います。

表面的には、男っぽく振るまったり、ガハハと笑ったりしていても、それは、恥ずかしさの裏返し。女性としての自分を出すことに恥じらいがあるために、カモフラージュしていることが多いのです。

「お前は、男みたいだから、気軽につきあえていいよ」などと、男友だちに言われて、本人もある程度、満足はしているのですが、恋にはなかなか発展しない。

そういう人は、自分からわざと「男っぽく」見られるように振るまっていないか、考えてみてください。

男っぽい振るまいをする心の奥底には、怯《おび》えがあります。

「私が女っぽくしても、さまにならない」「逆に嫌われるのではないか」と不安で、女性性を表現できなくなっているのです。

まず、「私は女性として幸せになりたい」という波長を強く出すことです。

そうしないと、いつまでたっても「さっぱりしたいい奴だけど、恋人にはちょっとね」と思われてしまいます。それがいやなら、勇気を出しましょう。

少し女性らしいファッションを心がけるだけでも、周囲の見る目は変わってきます。「私はジーパンしか似合わないから」というなら、そのジーパンをいかに女性らしくキュートに着るか、そこを工夫してみてください。髪型をポニーテイルにしてうなじを見せたり、赤いヘアアクセサリーをつけたりすれば、それだけでも印象は変わるでしょう。自分に合うファッションの範囲内で、いやみのない程度の女性らしさをアピールすればいいのです。

また、しぐさや言葉づかいにも、少し気を配りましょう。肩のゴミを払ってあげたり、疲れた人にお茶を出してあげたりするような心づかいに、ハッとする男性は必ずいます。「さっぱりした、いい奴」という評価をキープしながら、「でも女性らしい、かわいいところもあるよね」と思ってもらうことはできます。

それは、あなたの念じる力と、言葉、そして行動しだいなのです。

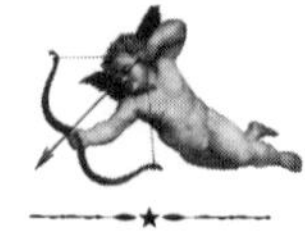

失恋の傷を化膿させてしまう前に、ぜひ知っておいてほしい別れのルール。

大好きな人に、冷たく背を向けられる。これは、悲しいことです。こっぴどい別れ方をしたので、なかなか立ち直れなくて、次の恋ができない人もいるでしょう。

けれど、なぜ失恋が大きなトラウマになってしまうのか、一度考えてみてください。

「この私がふられるなんて」「私がこんな目にあわされるなんて」という思いがありませんか？

「私は、まあ、この程度よね」「私に相手を見る目がなかったのよね」と思っていると、傷をそんなに引きずることはありません。

つまり、すべては自分の責任だった、と思える強さと潔《いさぎよ》さがあれば、トラウマにはならないのです。

反対に、すべてを相手のせいにしたり、自分のしたことに自分で責任をとろうとしなかったりすると、いつまでも忘れられなくて、ジクジクと傷を化膿《かのう》させてしまうことになりがちです。

ポイントは、相手のせいにしないこと。すべては自己責任です。

ひどい別れ方をしたのは、決して彼のせいではありません。人間関係は恋愛も含めて、どちらか一方だけが悪いということはないのです。

自分のどの点が悪かったから、こういう別れが来たのか。相手に尽くしすぎたからか、反対にないがしろにしてきたからか。または、単純に相手が心がわりをしたからか。その場合でも、そんな彼を選んだのは、ほかならない自分なのです。

失恋の痛手が忘れられないとき、そこから何を学べばいいのか、一心に考えてください。そして学ぶべき教訓を得られれば、「じゃあ、もうこんなことはしない」と決めて、次の恋に進めばいいのです。そうすれば、トラウマにはなりません。

「同じ思いをしたくないから、もう恋はしない」というのは、ただの甘えです。きちんと別れの原因を考えて、そこから学ぼうとせず、ただ闇雲《やみくも》に逃げているだけ。厳しいようですが、そういう人のところに、幸せは訪れません。

別れの原因がわかれば、同じことのくり返しは決して起こりません。同じことをくり返すのは、原因がわかっていないからです。

この世にあるのは「問題」だけです。どう解決するかを考えればいいだけで、悩む必要はありません。神様は「悩み」など与えていないのです。

失恋という経験から何も学ばず、ただ悩んでいたり、魔法のように消し去りたいと望んでいたりしていると、それはカルマとなって、心に傷を残す結果になるでしょう。

すべては自分の責任。そう思って恋をしてください。

好きになるのも、別れるのも、自分で選んだこと。

たしかにひどい出来事だったかもしれないけれど、それが自分のたましいを成長させてくれたのです。そう思えば、残るのはトラウマではなく、感謝だけです。

失恋はあなたを大きく成長させてくれる磨き石。

心を削《けず》られるような痛い思いをして、大切なことを学んだら、前とは比べものにならないほどすてきな女性になれるのです。

傷を化膿させて苦しむ前に、この真実に気づいてください。

「恋する適齢期」は人によって違います。世間の声ではなく、たましいの声に耳を澄ませて。

恋した経験がないから、恋ができない。

これは悪循環《あくじゅんかん》です。経験がないからこそ、恋をしてほしいと思います。

ある程度、年齢を重ねてしまうと、「恥ずかしくて、恋愛経験がないなんて言えない」と言う人がいます。けれど、決してそんなことはありません。むしろそういう人は、貴重な存在。それを売りにしてアピールしてもいいぐらいです。

「恋多き女」が、最先端をいくカッコいい人で、おくてな人はダサイように思われてしまう傾向がありますが、そんな他人の目を気にしないでください。

たましいの年齢と肉体の年齢は違います。

恋する適齢期も、人によって、ぜんぜん違うのです。

肉体の年齢が40歳でも、たましいの年齢は18歳ということもあります。そんな人は、40歳の今が青春であり、恋する適齢期なのです。

肉体の年齢に惑わされないようにしてください。

「この年で恋愛もしていないなんて、人に笑われるかもしれない」という恐れやコンプレックスは、プライドや傲慢さの裏返しです。人に笑われたくない気持ちを優先させてしまっているのです。

謙虚になって、自分のたましいが、今、何を望んでいるかを感じ取ってください。大切なのは、それだけです。

たとえ、恋愛経験がないことを笑われたとしても、それはそんな非情な人間を呼びよせてしまった自分の波長が悪かったのです。笑われることを恐れていると、そういう人間を引きよせてしまいます。

人のコンプレックスを決して笑わない、高貴なたましいを持つ人は必ずいます。

そういう人を呼びよせる波長を出しましょう。それには、自分自身が、そういうたましいを持つことです。そこから、初めての、本当の恋が始まります。

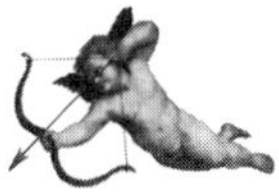

いつも恋愛している必要はありません。恋のインターバルは、自分を磨く大切な時間です。

「なんだか最近、恋愛が面倒《めんどう》くさいんです」という声を、ときどき耳にします。

恋愛なんてもう面倒くさいという人は、恋愛のことがよくわかっているのだと思います。恋愛というのは、じつに面倒くさいものです。

ただ「好き」と思ってじっと見つめていればいいのなら、ラクなものです。けれど、恋することは、サービスすること。相手のことをいつも考え、眠れない夜を過ごし、少しでも彼が幸せになるように心を砕《くだ》く。

サービス精神がないと、恋はできません。

だから、面倒くさい、という気持ちも出てくるでしょう。それでも、恋の面倒くささがわかっている人は、恋の楽しさ、すばらしさも、どこかでわかっているはずです。ただ、今は面倒くさい気持ちのほうが強いというだけ。つまり、今は恋をする時期ではないということです。

何もいつも恋をしている必要はありません。

自然と「恋がしたい」という気持ちが湧《わ》き出してくるときを待てばいいのです。

恋のインターバルをおくことも、ときには必要です。

恋が面倒くさいと思えるのは、「今は何かほかのことをしっかり学びなさい」というガーディアン・スピリット（守護霊）からのメッセージ。次の恋愛をするとき、より料理上手《じょうず》になっておくために、腕を磨く準備期間なのです。

仕事でも、趣味でも、今、楽しいと思えることに没頭《ぼっとう》してみましょう。

失恋の痛手が尾を引いている人、自分に自信がなくて恋に臆病《おくびょう》になっているという人は、また話が違います。そんな人は、それぞれの項目をもう一度読み返してみてください。

この世に意味のないことはありません。すべて、たましいを成長させる学びの糧《かて》になるものです。

恋に傷ついた人、面倒くさいと思う人も、その状態の中で、自分に何が学べるかをぜひ考えてみてください。

Chapter 3

「片思い」を卒業するにはコツがあります
絶対に後悔しない「告白」の方法

あなたは「彼」を愛しているのですか？　それとも「自分」を愛しているのですか？

それを見つめることが、この章のテーマです。

自分だけを愛しているなら、その愛は彼に届きません。このことに気づいてください。

自分を愛する気持ちが強いと、傷つくことが怖《こわ》くなります。自分自身を否定されることがつらくて、好きな人がいても告白できなくなってしまうのです。

本当に人を愛するということは、この恐れを克服《こくふく》する強さを持つことです。

彼にほかに好きな人がいたり、あなたを好きになってくれなかったりする場合もあるでしょう。それでも、そういう相手の気持ちをも愛し、認めることができれば、それはすばらしいことです。

自分だけを愛していると、苦しみは募《つの》ります。

けれど、自己愛を捨て、傷つくことを恐れずに愛することができれば、たとえ結果が悲しい別れになったとしても、「本当に人を愛した」という充実感が残ります。

その愛に満ちたあなたの波長は、せつなく心痛むほどあなたを愛してくれる、本当の恋人へと結びつけていくのです。

「自信がなくて、自分からは告白できない」とき、抜群に効果のある「おまじない」とは？

人を好きになること、その思いを伝えることは、決して恥ずかしいことではありません。

一章で書いたように、私たちは、経験を積むため、感動するためにこの世に生まれてきたのです。泣いたり笑ったり、悲しんだり怒ったり、すべてが感動です。

恋する思いは、ぜひ相手に伝えましょう。

その行為はすばらしい感動となり、あなたのたましいを成長させてくれます。

「自信がないから、告白できない」というのは、本当には彼のことが好きではないのです。告白して、ふられて傷つくのが怖い。ということは、彼よりも、自分自身を愛しているということです。

誰かを愛するということ、その究極は「無私《むし》」になるということです。

つまり、自分を無《な》くすこと。自分を無くすほど相手を愛していれば、恐れや不安はありません。

なかなかそんな究極の愛には手が届きませんが、それでも、片思いの相手に告白するということは、無私の境地になる第一歩です。それを恐れていては、いつまでも、本当の愛にはたどりつけないでしょう。

もし彼があなたの気持ちを笑ったりするようなら、それは、その程度の相手だったということ。相手を見抜く目を持っていなかった自分を反省して、「今度はもっとすてきな人を好きになる」と決めればいいだけです。

ほとんどの人は、真剣に打ち明けられたら、誠実に応《こた》えようとするでしょう。たとえ、彼の答えが「ごめんなさい」でも、それはすばらしい経験です。私たちは、そういう経験をするために、生まれてきたのです。

また、「告白する前に、少し自信をつけたい」と思って、努力するのもいいことです。ファッションやヘアメイクに気を配ったり、彼とつりあうために新しい趣味を始めたりすると、それだけで自分がステップアップします。

そうすれば、結果的にはふられたとしても、大きな宝物が自分の中に残ります。

「自信がない」と言って、うつむいていては、何も始まりません。

「あなたが好きです」と伝えること。それは、本当にすてきなことなのです。

どうしても性格的に内気で消極的なので、自分から告白できないという人には、とっておきのテクニックがあるのでご紹介します。

【スピリチュアル・パワーが授かるおまじない】

①愛を告白する勇気がわいてくる！

好きな人の写真をいつも見えるようにしておきましょう。

これだけでずいぶん変わります。彼の写真を自分の部屋の壁に貼ってもいいし、机の上に飾ってもいいでしょう。

そして、その写真に話しかけてみてください。できるだけ一人の空間で、彼に語りかけましょう。

こうすると、あなたの思いが実際に念となって、彼に届きやすくなるのです。

すると、彼もなんとなくあなたのことを思い浮かべることが多くなります。誰かの視線を感じると、振り向いて目が合いますね。それと同じことです。

また、写真に話しかけていると、実際に彼と話をするときに、とてもナチュラルな態度をとることができるようになるという効果もあります。ぜひ試してみてください。

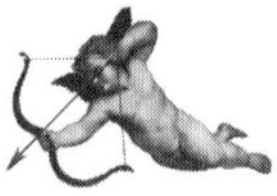

プライドの高さは、気の弱さの裏返し。傷つくことを恐れない、本当の「誇り」を持ちましょう。

プライドが高い人は、好きな人に自分から告白できないものでしょうか？

いいえ、本当に自分に誇《ほこ》りを持ち、「私は私」という確固とした信念がある人は、好きになった人に告白することを恐れません。

なぜなら、たとえふられたとしても、そんなことで傷ついたりしないからです。

他人がなんと言おうと、何をしようと、私の存在価値はゆるがない。そう考えているからです。

「私にはプライドがあるから、自分から告白なんてできない」というのはごまかしです。

そう言って告白しない人は、本当はプライドの低い人です。

臆病《おくびょう》だったり、気が弱かったりするので、ふられるだけで自分がみじめになる、立ち直れないかもしれない、と考えてしまうのでしょう。

自分は気が弱いだけ、恐れているだけ、ということに気づいてください。

本当に幸せになりたいと願うなら、自分の弱さを認め、強くなるように努力するしかありません。

では、強くなるには、どうすればいいでしょう。

それは、「本当に人を愛せる自分」になることです。

人を愛するということ。それはいったいどういうことなのか、深く突きつめて考えてみてください。

ただひたすら、相手の幸せを願う心、それが愛です。

相手のことだけを考えたとき、自分のプライドや羞恥心《しゅうちしん》は、消えてなくなります。そこまで相手を愛せていないから、「プライドが邪魔《じゃま》をして、告白できない」という現象が起こるのです。

弱さを克服して、本当に人を愛せる人になりましょう。

プライドにしがみついて、ビクビクしていては感じられない幸せが、そのとき舞い降りてくるのです。

仕事仲間に恋をしたとき、こうすれば仕事に支障なく、上手に告白できます。

仕事関係の人を好きになることは、よくあります。一緒に仕事をしたり、励《はげ》ましあったりしていると恋愛感情が芽生えやすいのですね。

相手が上司である場合も、同僚や後輩である場合も、告白したことが原因で仕事に支《し》障《しょう》が出たら、と思うと、二の足を踏みたくなる気持ちはわかります。

けれど、くり返しますが、気持ちを伝えることはすばらしいこと。

仕事に支障が出ないように、こっそりと手紙やメールで打ち明けてみてはどうでしょう。

ただ、もしふられた場合、その後も一緒に仕事をしなくてはいけないわけですから、ひと工夫が必要です。「もし返事がノーなら、何もなかったことにして忘れてください」と、一言添えるようにしてください。

そういう言葉を添えても、噂《うわさ》が周囲に広まったり、笑い話のタネにされたりするようなら、それはあなたに見る目がなかったということ。

恋した相手に告白するということは、自分の見る目を試《ため》すことでもあります。

相手の反応によって、本当にすてきな人だったのか、そうではなかったのかが、はっきりわかるからです。

ふられるか、ふられないか、という結果だけを気にするより、相手の反応をよく見るようにしてください。それを見ようとすれば、ふられることへの恐れも少なくなるでしょう。

答えがノーの場合、何も言わずにいてくれたり、そっと「ごめんね」と言ってくれたりしたとすれば、あなたの人を見る目が確かだったということです。恋は成就《じょうじゅ》しなくても、自分をほめてあげましょう。

万一、会社に噂が広まり、仕事がしづらくなったり、周囲の同僚がおもしろ半分にからかったりするようなら、そういう会社を選んだ自分の目が間違っていたということです。

あるいは、波長の法則で、自分の中にも同じように人の真剣な思いを揶揄《やゆ》するところがなかったかどうか、その反対に、からかいやいじめの対象になりやすい、気の弱いところがないかどうか、自分を振り返るきっかけのひとつにしてください。

すべての経験は、あなたに必要な学びなのです。

そのことをつねに心に留めて、勇気を持って行動しましょう。その勇気が、明日の幸せの土台となるのです。

友だちをとるか、彼をとるか。究極の選択をするときに、必要なこと。

友だちの彼を好きになってしまった。そのとき、まず考えないといけないのは、あなたはその彼が本当に好きなのかどうか、その点です。

案外、友だちと彼との間の関係性に憧《あこが》れているだけの場合もあるので、要注意です。「あんな恋人どうしになれたらいいな」という気持ちと、彼自身への思いとを混同しないでください。二人が今のような関係になるまでは、それなりの努力や苦労があったはずです。あなたが彼女のかわりになっても、同じような関係が築《きず》けるとは限りません。まずその点をチェックしましょう。

それでもどうしても彼のことが真剣に好きだと気づいたら、そのときは決断が必要です。友だちをとるか、彼をとるか。

彼に告白して、うまくいったとすれば、彼女の友情は失うでしょう。彼女から恨《うら》まれるかもしれません。それも引き受ける覚悟があるかどうか。まず自分に確認してください。

彼ともうまくいきたいし、彼女との友情もキープしたい。これは成り立ちません。

そこには「ずるさ」があるので、彼への気持ちも、友だちである彼女への気持ちも、「本物の愛」にはならないでしょう。

どちらかを選ばなくてはいけないとき、バロメーターになるのは、どちらに対する気持ちの中に、より強く、第一章で述べた「神の愛」があるかどうかです。

「彼が幸せになるためなら、私なんかどうなってもいい」と思えるぐらい、強く、深く、彼を愛していますか？　そこまでは思えないなら、あきらめましょう。

そこまで思えるなら、彼にその気持ちを伝える資格があるということです。

手紙やメールで告白して、「もし私に気持ちがないなら、彼女にこのことは伝えないで。私はただ、本当の気持ちをあなたに伝えたかっただけ」と書けばいいと思います。

くり返しますが、友だちを失うことは覚悟してください。

二人の間を上手に、ずるく立ち回っても、得るものは何もありません。

ポイントは、あなたがどれだけ神の愛に近づけるかどうかです。必死になって考えて、悩んで、自分で結論を出しましょう。そのプロセスがないと、恋愛をする意味がありません。友だちへの愛、彼への愛を、きちんと見つめること。ずるさを排除して、真剣に二人と向き合うこと。そうすることで、あなたの心に神の愛が育ち始めるかもしれません。

友だちの彼を好きになってしまった。その苦しさがたましいを磨くこともあるのです。

「男友だち」への告白！
たとえふられても、いい関係に戻ることは必ずできます。

異性の友だちを持つのは楽しいことです。けれど、「友だち」になってしまったがために、恋に発展しないという悩みが出てくる場合もあります。

今さら「好き」なんて告白したら、「なにバカなこと言っちゃって」などと笑い飛ばされるのがオチ。だから、絶対に告白できない、と思ってしまうのです。

とてもかわいらしい恋だと思いますが、いつまでもそのままではいけません。

こういうタイプの人は、どこか女性としての自分に自信がなかったり、女性として見られることに恥じらいがあったりするのでしょう。照れ屋なのです。だから、ざっくばらんな男っぽい態度をとることでしか、相手とつきあえないのです。表面的に男っぽい人のほうが、内面的にはそういう繊細《せんさい》さを隠《かく》していたりします。

それを見抜いて、「そんなところが好きだ」と言ってくれる人もいるのですが、待つだけではだめ。自分が損をします。表面的な男っぽい態度、荒っぽい言葉づかいなどは、自分を守るための鎧《よろい》です。その鎧を脱がないと、恋はできません。

女性として、幸せな恋をしたいと思うなら、自分のモードを切り替えましょう。

自分に合った方法で、「私だって女の子なのよ」ということをアピールしてください。告白することが、そのファーストステップになるかもしれません。

たとえ「おまえのことは、友だちとしか思えない」と言われたとしても、「そう。わかった。でも私は好きなんだから、しょうがないよ」と言ってにっこり笑えばいいのです。苦しくても、そこで泣くより笑うほうが絶対にいい。

そして「でも忘れることにする。もとの友だちに戻ろう」と言えば、男の子はホッとするでしょう。男性は、あまりそういうことを引きずりませんから、友情にひびが入ることをそんなに心配する必要はありません。

ただし、あなた自身が引きずらないことが大切です。

しばらくは演技でもいいから、ケロッとした顔を見せてあげてください。もとのいい関係に戻ることは必ずできます。ふられた後でも、月に一度ぐらい食事をしたり、相談に乗ってもらったり。そういう友情を続けることは必ずできるのです。

そもそも、友情と恋愛は、よく似ています。恋愛感情だけが特別にすばらしい、ということではありません。そこに「愛」があるなら、どちらもすてきな関係です。

勇気を出して、チャレンジしてください。失うものなど何もないのです。

見知らぬ人にひとめ惚れ！
リスクを乗り越えて、ナチュラルに近づく方法とは？

「いつも同じ電車に乗る人を好きになってしまいました。でも名前も知らないんです！」

そんな、まさかというようなひとめ惚《ぼ》れは確かにあります。

駅の売店のお兄さんにときめいたり、たまたま治療に行った歯医者さんを好きになったり。自分も相手のことをよく知らないし、相手もこちらのことを知らない。そういうところから恋が始まることもあるのです。

「告白したら、変質者と思われるかもしれないと思うと怖くて」と言う人もいますが、そんなことはありません。

ただ、告白の仕方は気をつけましょう。いきなりラブレターを渡したり、「好きです」と言ったりするのではなく、少しずつナチュラルに近づくことがポイントです。

たとえば、電車の中で会う人なら、さりげなく隣に座って、ガムをさしだし、「食べます？」と勧《すす》めたりするのはどうでしょう。

最初は「いえ、けっこうです」と断られても、次には「よく会いますね」と声をかけたり、あいさつしたりしやすくなるはずです。

決して、急いで仲良くなろうと焦《あせ》らずに、少しずつ距離を縮めましょう。

ただし、相手の反応はよく確認してください。名前も住所も知らない人が相手ですから、リスクはあります。相手がストーカーに豹変《ひょうへん》しないとも限りません。その可能性は、必ず心に置いてください。いきなり自分の住所を教えるのはやめ、変更のきく携帯電話の番号やメールアドレスの交換ぐらいから始めましょう。

また、相手が自分に興味がなさそうだと思ったら、潔《いさぎよ》くあきらめることです。しつこくすると、それこそ変質者扱いされかねません。

ひとめ惚れをしたということは、直感が働いたということ。近づいてみて、相手が思ったとおりの人だったら、自分の直感力に自信を持っていいでしょう。

逆に、想像していた人とは違っていたなら、人を見る目がなかったということです。あるいは、自分勝手に、ファンタジーの世界の中で、恋愛の相手をつくりあげていただけかもしれません。

そういうケースは多いので、ひとめ惚れは成就しにくい恋だと思います。けれど、自分の直感力や、見る目の確かさを試すチャンスであるとも言えるのです。

みんなが明るく楽しい必要はありません。「聞き上手」も立派な自己アピールです。

「私は、自分を表現することが苦手だから、告白なんてできない」という人は、その原因を考えてみましょう。相談者を見ていると、三つのパターンがあることがわかります。

まず、育った家庭環境が暗かった場合。何か失敗しても、ケラケラ笑いとばしてしまうような家庭ではなく、すぐにあきらめてしまったり、暗く落ち込んでしまう家族の場合、自己アピールする前に自分を封じてしまうクセがつくようです。

次に、過保護に育った場合。溺愛《できあい》されて、自分で「何かがほしい」と言い出す前に、周囲の大人が気をきかせて、なんでもしてくれるような環境に育つと、自分からすすんで何かをしようという気力が育たなくなることがあります。

三番目に、兄弟姉妹の中に、自己アピールの得意な明るい人がいて、みんなに好かれている場合。「どうせ自分は、何をしてもダメだ」と思い込んでしまうのです。

それ以外にも、いじめられた経験がトラウマになっているとか、生まれつき、無口な性格だという場合もあるかもしれません。

あなたがどのケースなのか、一度、分析してみてください。

そして原因がわかったら、そういう自分を変える、と決めることです。過去は確かにそうだったかもしれません。けれど、これからの自分は、自分でつくっていけるのです。家庭環境が暗かったなら、自分がそんな家族を明るく変えてあげよう、という気持ちを持ちましょう。

過保護に育ったのなら、自立した大人でないと、恋愛だけでなく、人生すべてうまくいかないということを肝《きも》に銘《めい》じましょう。

兄弟姉妹に劣等感を持っている人は、自分には自分なりの良さがあると認め、ポジティブな部分は彼らから学びましょう。

いずれにしても、自分を変えなければ、問題は解決しません。

「そんなの無理」という人は頑固《がんこ》なのです。自分を変えたくないという頑《かたくな》さがあると、何ひとつ状況は変わりません。まず、その頑固さを捨ててください。

自分には自分に合ったアピールの方法が必ずあります。

みんながヒマワリのように明るくなる必要はありません。タンポポの花だって、人の心を癒《いや》すのです。しゃべるのが不得手なら、笑顔があります。聞き上手な姿勢を見せるのも、立派なアピールです。

そんなふうに、素《す》の自分を生かしたアピール方法をじっくり考えてください。

同時に、「苦手だな」と思うことも、少しずつ取り入れていくといいでしょう。いつも無口な人は、「私はこういう性格だから」と開き直るのではなく、会話の中で大きく相槌《あいづち》を打ったり、少し意見を言ってみたりするなどの努力が必要です。

宿命と運命の違いを思い出してください。

ケーキにたとえるなら、宿命はスポンジ、運命はデコレーションです。地味なスポンジ台なら、少しがんばって明るいデコレーションをしてみましょう。

そうやって運命を切り開く努力をしていれば、すてきな恋を呼びよせることは必ずできるのです。

絶対に人を愛せない「フランケンシュタイン」君。早く別れるのが幸せへの近道です。

恋愛にまったく興味を示さないという男性が、あなたの周囲にもいませんか？

そういう男性は、次のふたつのタイプに分かれます。

ひとつは、ほかにとても興味のあることがあって、それに熱中しているために、今は恋愛には関心がないというタイプ。たとえばサッカーとかバイクなどに夢中になっていて、デートに誘っても「そんな時間が惜《お》しい」というようなタイプです。

でも、どんなに興味のあることがほかにあったとしても、本当に心ときめく人があらわれたら、一瞬にして恋愛モードにスイッチオンするはずです。

今、彼が女性に興味を示さないとすれば、それは彼の心のスイッチを「オン」にできる人が周囲にいない、ということです。

このタイプは頑固なので、中途半端《はんぱ》な気持ちのままつきあうということをしません。

ですから、結論を言えば、こういうタイプの男性は脈なしと見て、見限るほうが賢明です。恋愛の対象にはなれなくても、友人にはなれますから、彼が夢中になっているものを一緒に楽しむぐらいにとどめるほうがいいでしょう。

もうひとつのタイプは、やっかいです。人を愛するということを知らない、わからない、というタイプ。両親からあまり愛されずに、無機的に育ってしまったために、心が十分に育っていないのです。「愛」にまつわる心がフリーズしてしまっています。

こういう人を好きになった場合、覚悟が必要です。フランケンシュタインを人間に育てるのですから、最上級の愛、神の愛に近い、無私の愛で接することが必要なのです。

けれど、どんなにこちらが一生懸命に愛しても、だいたいはヌカに釘《くぎ》。そのつらさに耐えるのは、並大抵のことではありません。しだいに傷ついてボロボロになっていくことのほうが多いので、このタイプの男性との恋愛は、あまりお勧めできません。

そういう困ったタイプを好きになってしまって、やめられないという場合は、もう一度、自分自身を振り返ってみてください。

彼への気持ちの中に、「この人を逃《のが》したら、後がない」というような打算がないかどうか。寂しいから、彼にしがみついているだけではないかどうか。あるいは、自分自身にも、彼と同じような部分、情感の未成熟な部分がないか、ということも考えてみてください。波長の法則で、似たものどうしが引きよせあったのかもしれません。

深く考えて、その恋から何かを学べば、やがて彼を「卒業」できる日が来るはずです。

大好きな彼には、すでに恋人がいる！
それは、「真実の愛」に近づくチャンスです。

自分の好きな人が、自分以外の誰かを好きだということがわかっている。これは苦しいことです。同時に、あなたが「究極の愛」に到達するチャンスであるとも言えるのです。

彼には私以外に愛している人がいる。そのとき、二人の幸せを心から祈るのが、究極の愛です。どんなに彼のことが好きでも、彼がほかの人を愛しているなら、奪《うば》おうとしてはいけません。人を押しのけて自分が幸せになろうとしても、カルマの法則で、いつかは同じように、人から押しのけられることになるでしょう。

「あんな人といても、彼は幸せにはなれない」と感じるのは、こちらのエゴです。

自分の幸せは自分で決めるもの。彼が彼女を愛して、それで幸せだというなら、そっとしておくのが本当の愛です。

「北風と太陽」の寓話《ぐうわ》を思い出してください。旅人のマントを脱がせたのは、北風ではなく、あたたかい太陽です。間違っても、北風にならないでください。つねに太陽の存在でいてください。

その愛の熱で、彼が自然に振り向いてくれたのならいいでしょう。けれど、強引に振り向かせてはいけません。

どうしても苦しいなら、彼に気持ちを告白してみましょう。ただし、何も見返りを期待せず、ただ終わらせるために気持ちを伝えてください。

「あなたが好きだった。でも、二人の幸せを祈っています」

こんなふうに、「好きだった」という過去形で告白することで、あなたの恋は成仏《じょうぶつ》します。言葉には、言霊《ことだま》というエネルギーがありますから、気持ちを言霊にして吐《は》き出すことで、愛は成仏しやすくなるのです。

その後あなたが、二人を見守る太陽であり続けたとき、もしかすると彼があなたのもとを訪れるかもしれません。

けれど、それを期待していると、苦しさは募《つの》ります。彼に愛されたいという気持ちが、苦しみを生み出すのです。

まず、「あきらめる」ということからスタートしてください。無私になれば、苦しみはなくなります。執着《しゅうちゃく》や愛欲でしかなかったものが、本当の愛へと昇華《しょうか》するのです。

決してできないことではありません。できないのは、そう思い込んでいるからです。

そうやって、ひとつの恋を成仏させたら、次の恋へと歩き始める元気が出てきます。

つらい恋で大きく成長したあなたには、必ずすばらしい出会いが待っているのです。

愛を告白したのに、サラリとかわされた！
相手の気持ちを「察する」レッスンを始めましょう。

せっかく勇気を出して、「好きです」と言ったのに、軽く話をそらされてしまった。笑い話にされてしまった。これをどう解釈すればいいでしょう。

恋をしているとき、注意しないといけないのは、冷静さを失って、相手の立場に立てなくなることです。

恋愛をしているときは、「もし、私が彼だったら」という立場ですべてを見てください。自分の視点だけから見ていると、愛の押し売りになりかねません。

相手の立場に立つ、相手の気持ちを察する。

この心のゆとりがなければ、本当の愛は育ちません。たましいの成長もないのです。

さて、「サラリとかわした」彼の気持ちを察してみましょう。

まず考えられるのは、「悪いけど、僕はきみに恋はできない。サラリとかわすことで、気づいてね」という気持ちです。

この気持ちと行動の中には、あなたを「傷つけたくない」という愛があります。

恋という100%の愛ではありませんが、思いやりという10%の愛、人間愛があるのです。その愛を感じ取ってください。

たとえわずかでも彼はあなたを愛してくれた。そのことに気づく感性を持っていれば、彼との思い出はあなたの宝物になるでしょう。

次に、照れや恥ずかしさから、サラリと茶化《ちゃか》した、という場合もあるかもしれません。

これは、その場の雰囲気や、相手の様子をよく観察していれば、わかることです。

こんなときは、もう一度、手紙などで気持ちを確認してみましょう。

「私の気持ちは伝えたけれど、あなたの気持ちを知りたいんです。もし私に気持ちがないなら、この手紙は破ってください。そして何もなかったように、普通に私に接してくださいね。もし少しでも気持ちがあるなら、お便りをください」

こういう書き方をすれば、手紙が来るか来ないかで、彼の気持ちが確認できるし、万一ふられたとしても、必要以上に傷つくことはないでしょう。

はっきりと言われなくても気がつく。気持ちを察する。これが大人の感性です。

恋は、大人の感性を磨く、もっとも効果的でスリリングなレッスンなのです。

煮えきらない彼と、どうつきあう？
あなたの「見る目」と「覚悟」が試されています。

「私のことをどう思ってるの」と彼に聞いても、「うーん、よくわからない」と言葉を濁《にご》す。そんなことが続くと、気持ちが宙ぶらりんになって、行き場をなくします。「私のことが好きなのか、嫌いなのか、はっきりして」と言いたくなるでしょう。

そういう彼の気持ちの中には、天秤《てんびん》があります。

一方に、あなたに嫌われたくない、別れてしまうのは惜しいという気持ちがあり、もう一方に、本当は別の人が好きだという思いや、この子ではないかもしれないという迷いがあったりするのです。

覚えておいてほしいのは、「どんな場合でも、決めるのは自分」ということです。

煮《に》えきらない彼をよく見つめて、「この人とでは幸せになれない」と見切りをつけるのか、それとも「こんな彼だけど、仕方がない。それでも好き」と割りきって、宙ぶらりん状態のままつきあうのか。

どちらを選ぶかは、あなたしだいなのです。

そして、あなたが決めた以上、相手を責めることはできません。

どちらとも決められずに、「彼の気持ちがわからない」と悩んでいると、そんなあなたの波長に彼が同調して、ますます煮えきらない態度を取るようになるでしょう。

あなたの態度が中途半端だから、彼も中途半端になっている、とも言えるのです。

ダメなものはダメ。できるものはできる。

それを、きちんと自分の目と心で判断すること。これも、やはり大人の感性です。

煮えきらない彼との出会いをきっかけに、この感性を磨いてください。

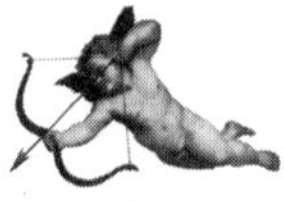

告白したら、ふられたうえに避けられるようになった！
この感性があれば、いつでも笑顔でいられます。

勇気を振りしぼって「好きです」と言ったのに、「ごめん」と言われ、あげくに次の日から、彼が自分を避けるようになってしまった。これは、つらいですね。

けれど、決して彼を憎《にく》んだり恨んだりしないでください。悲しむ必要もありません。

「好き」と言われて、いやな気持ちになる人はいないのです。

彼の心の中には、「思ってもいなかった人から告白されて、恥ずかしい」「応えてあげられなくて、すまない」「なんとなく気まずい」などの気持ちがあるのでしょう。

あなたに対して「悪いな」と思う気持ちの中には、思いやりがあります。たとえ1％でも、愛があります。

ですから、クヨクヨする必要はありません。何事もなかったかのように、明るく振るまっていればいいのです。

彼があなたを避けるということは、無意識にでも、あなたが暗い顔をしているからではないでしょうか。それは相手に負担《ふたん》をかけることになります。

誰かを避ける、という行為は、いやなことです。精神的にも疲れます。そんないやなことを彼にさせているのは、もしかするとあなたの態度かもしれません。

そう思ったら、無理にでも明るく振るまえるのではないでしょうか。

まず彼の中にある1%の愛に気づくこと。

そして、彼の負担を減らすために、明るい笑顔を見せること。

その笑顔は、最初はぎこちなくても、いつか必ず本物の笑顔に変わります。以前よりずっとすてきな笑顔になるはずです。

もうひとつ、彼があなたを避けるのは、周囲の噂を気にしてのことかもしれません。

自分の恋は、決して周囲の人にべらべらしゃべってはいけません。信頼できる、口の堅《かた》い友人にだけ、こっそり打ち明ける。これは恋を楽しむための鉄則です。

もし、しゃべってしまって、彼に気まずい思いをさせているのなら、今度からは口にチャックを。そして今回はすっぱりあきらめて、こだわりのない太陽のような笑顔でいることです。

Chapter 4

「別れの傷」を癒す魔法の言葉

どんな人にも、別れは訪れます。

たとえ結婚して幸せになったとしても、死という別れは必ず来ます。

けれど、どんな別れが来ても、悲しまないでください。

大切なのは、どれだけ長く愛し合えたかではありません。

たとえ一瞬でも、どれだけ心をこめられたか。それが大切なのです。

心をこめた日々には、一生分の感動があります。

その思い出は決して失われることなく、あなたの心の中に愛の電池となって残るのです。

だからこそ、人との出会いを大切にしてください。たとえ一瞬の出会いでも、その時間を、心をこめて、過ごしてください。そうすればたとえ別れが来ても、悔《く》やんだり憎《にく》んだりすることなど必要ないことがわかるでしょう。残るのは、ただ感謝だけです。

別れを恐れる必要はありません。あなたは、愛を学ぶために、生まれてきたのです。

さまざまな出会いと愛が、あなたを待ち受けています。さあ、歩き出しましょう。

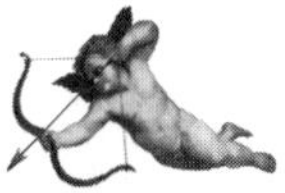

愛した人を忘れる必要はありません。
思い出に変えればいいだけです。

恋人と別れたとき、周囲の友人は「早く忘れたら？」と言うでしょう。別れの悲しみから立ち直るには、忘れるのが一番。そう考える人が多いからです。

でも、たとえ別れても、一度は好きになった人を忘れる必要はありません。ずっと覚えていてください。簡単に忘れられる人などいません。そんなことは無理なのです。

忘れる必要はないけれど、その恋を「思い出に変える」ことは必要です。

愛した記憶を「悲しみ」にはしないでください。愛した記憶を大切にあたためて、悲しみや後悔《こうかい》は捨てましょう。誰かを愛するということは、とても価値あること。心が痛いほど人を愛したという経験は、大切な思い出にするべきものなのです。

忘れられないということは、つきあっていた時期にすばらしい経験をしたということです。喜ぶことも、楽しむことも、泣くことも経験した。そのことに価値があるのです。別れたからといって、その価値がなくなるわけではありません。

別れに苦しんでいるときは、「もし私があのとき、あんなことを言わなかったら、別れずにすんだかもしれない」という後悔の気持ちもわき起こるでしょう。けれど、いくら悔やんでも、時間はもとには戻りません。「あの頃の二人」には戻れないのです。

すばらしい経験をたくさんさせてくれた恋に感謝をして、新しい恋を探しましょう。忘れられないほどのすてきな恋は、きっとあなたを成長させています。以前より輝いているのです。そんなあなたの波長に合うすてきな人との出会いが必ずあります。

愛する人と死に別れたという場合、この悲しみはより深いでしょう。けれど、そういう人に贈りたい言葉も同じです。彼との恋を忘れる必要はありません。たとえ短くても、彼と一緒に過ごした時間はとても大切だったはず。

彼がもうこの世にいない。その事実がもたらす苦しみ、悲しみは激しくても、だからといって、出会わない人生のほうが良かったですか？　決してそうではないはずです。忘れられないほど、いい思い出ができた。それはすばらしいこと。

そんなふうに、別れを受け入れてみてください。彼と出会えたことを感謝してください。たとえ彼の肉体は消えても、思い出は消えません。そして、彼のたましいも、決して消滅したわけではありません。いつもあなたを見守り、愛し続けているのです。

新しく出会う人を、別れた彼以上の恋人にする方法とは？

人も羨《うらや》むような大恋愛をしたり、本当に「愛した」と思える恋をしたりした後で、別れが訪れたときは、「彼以上の人があらわれるなんて思えない」と思うでしょう。

けれど、そう思っていると、どんなにすてきな人があらわれても、気がつきません。

別れた恋人とは、歴史があります。苦しいことをともに乗り越えたり、支えあったりしてきた、いい思い出がたくさんあるでしょう。そして、時とともに、それは美化されていきます。

けれど、新しく出会う人とは、歴史がありません。白紙の状態です。

こんなに条件が違うのに、比べること自体、おかしいことなのです。

別れた恋人が忘れられない、彼以上の人はあらわれないと思ってしまうのは、過去にこだわっているからです。もう一度、取り戻したいと思っているからです。

二人の恋が壊れた原因を考えて、自分のミスを悔やむ気持ちもあるでしょう。「彼以上の人はあらわれないかもしれないのに、惜《お》しいことをした」という思いもあるでしょう。

けれど、どんなに悔やんでも、時間を巻き戻すことはできないのです。

「忘れられない恋愛」は、人生にそう何度もあることではありません。

その別れを教訓にして、次は後悔しない恋愛をしようと、心に決めるしかないのです。

次は、「死が二人を分かつまで、別れない恋」、あるいは、「別れても、後悔しない恋」をしましょう。自分の最大限の力を発揮して、「やれるだけのことはやった。でもダメだったんだから仕方がない」と思える恋をしましょう。

今は、そう思えないから、忘れられなくて、苦しいのです。

「別れても、後悔しない恋」ができる自分にパワーアップする必要があるのです。

新しく出会う人とは、新しい歴史が築《きず》かれていきます。

それが、別れた人との歴史よりすばらしいものになるかどうか。それは誰にもわかりません。すべてはこれからです。

「彼以上の人なんて、あらわれるはずがない」と思い込むのは、過去への執着《しゅうちゃく》と後悔が生み出す錯覚《さっかく》にすぎません。

新しく出会う人を、最高の恋人にできるかどうか、それは、あなたしだいなのです。

昔の彼と、今の彼を比べてはいけません。追いかけるべきは、過去ではなく、まっさらな未来です。


昔の彼と、今の彼を比べる。これは、過去を引きずっている証拠です。

けれど、カレーとパスタを比べて、答えが出るでしょうか。

カレーにはカレーの良さがあり、パスタにはパスタの良さがあるのです。比べられるものではありません。

イタリア料理店に入っているのに、まだ「私はカレーが食べたい」と言うのは、子どものすること。

「昔の恋がいつまでも忘れられない」のは、何か美しいことであるように思える場合がありますが、それは違います。イタリア料理店で、カレーが食べたいとだだをこねるのと同じ。幼い行動なのです。

できないことは、できない。過ぎたことは、戻らない。

そう割りきれるかどうか。潔《いさぎよ》いあきらめ方ができるかどうか。

そこが大人と子どもの分かれ道なのです。

厳しいようですが、ダメなものを、いつまでも受け入れられないのは、子どもです。「前の彼が忘れられなくて、今の彼と比べてしまう」「前の彼と似た人を好きになってしまう」というのは、「私って子どもなの」と言っているのと同じことです。

恋は、大人がするもの。苦しくても、ここで大人になりましょう。

追いかけても、過去は戻ってきません。

追いかけるなら、まっさらの未来を追いかけましょう。

過去が忘れられないのは、そこに後悔があるからです。「もっとうまくつきあっていれば、別れることもなかったのに」という思いが、ジクジクとくすぶっているからです。過去の恋を成仏《じょうぶつ》させることが、まだできていないのですね。

終わった恋は、成仏させてあげましょう。

気がすむまで悲しみ、後悔するだけしたら、きっぱりとあきらめることです。そして次の恋で、この教訓を生かせばいいだけのこと。

そう心に決めれば、今、目の前にいる人の魅力が、はっきりと見えてくるはずです。

「逃げた魚」を追いかけないこと。それが恋上手な人の共通点です。

私たちは、運命の人と、赤い糸で結ばれているわけではありません。

赤い糸を持って、海へ釣りに出かけないといけない釣り人です。その海で泳いでいる魚は、すべてあなたと縁のある人。つまり運命の人なのです。これは、第一章でお話ししたとおりです。

「運命の人は、たった一人」という考え方は、一見ロマンティックですが、間違っています。じつは、たくさんいるのです。

「運命の人」と思っていたのに、別れてしまった。これは、釣りに失敗したということ。一度は釣り上げたのに、逃げられた、ということです。

けれど、海の中には、あなたと出会うべき魚（運命の人）がまだたくさん泳いでいます。

まず、なぜ釣りに失敗したのかを、考えてみましょう。そうしないと、次に運命の人と出会ったときも、また同じことをくり返すことになります。

失敗した理由として考えられるのは、まず「絶対にこの魚を釣って、上手《じょうず》に料理する」

という念力が足りなかったこと。そして、料理したその腕前が下手《へた》だったということ。料理の腕前とは、あなたの人格にほかなりません。つまり、まだまだ人格を磨《みが》く必要がありますよ、ということなのです。

「あきらめきれない」と嘆《なげ》くのではなく、「私の料理の腕が未熟《みじゅく》だった」と素直に反省できる人だけが、次にまた「運命の人」と出会い、今度こそ幸せになれるのです。

ひとつの恋で失敗したとき、注目すべきは、結果ではなくプロセスです。

彼とつきあうプロセスで、何が良くて、何が悪かったのか。そのプロセスを素直に振り返りましょう。自分のミスを反省して、そこから学びましょう。すると、その恋を卒業できます。次の恋にステップアップできるのです。

私は今まで何人もの相談者を見てきましたが、幸せになれる人、いい恋愛、いい結婚ができる人の共通点は、この切り替えが早いことです。

失った恋を引きずらずに、素直に反省し、ステップアップできる人が、最終的には、本当の幸せをつかめるのです。

幸せになりたいなら、逃げた魚を追いかけてはいけません。

失敗から学び、人格を磨いて、恋する力を高めましょう。そのとき、運命の人は、必ずまたあらわれます。

別れの理由は問いつめないで。大切なのは、「察する」ことと「学ぶ」ことです。

好きな人に「別れてほしい」と言われたら、まず「どうして？」と聞きたくなるでしょう。彼はいろいろ理由をつけるかもしれません。「きみが理解できない」とか「きみが自分勝手だから」とか。

言われたほうは「そんなことない。納得《なっとく》できない」と思ってしまいます。けれど、納得できてもできなくても、彼の気持ちは変わりません。

「別れたい」という気持ちになっている。それがすべてなのです。

相談者の例を見ていると、相手が別れを切り出す本当の理由は、別にあります。

九割がた、ほかに好きな女性ができた、ということです。それをはっきり言うと、あなたを傷つけることになるから言わない、あるいは、少しずるい気持ちがあって言わないだけです。つまり、泥沼《どろぬま》になりたくないのですね。

「ほかの人を好きになった。きみとはもうつきあえない」と、はっきり言われたほうがいいと思うなら、問いつめるのもいいでしょう。けれど、それは自分をさらに傷つけることにしかなりません。
「はっきり言われないとわからない」のは、厳しいようですが、子どもっぽいことです。必要なのは、本当の理由を「察する」こと。そしてあきらめることです。

理由が納得できない人は、どんな理由を説明されても、納得できません。その心の裏には、「絶対に別れたくない」という気持ちがあるからです。

でも、ほかの女性とつきあうほうが、彼にとって幸せなら、あきらめたほうがいい。

この恋のプロセスで、何を学べたか、反省すべきはどのポイントだったかをはっきりさせるほうが、あなたにとっては何十倍もいいことなのです。

波長の法則を思い出してください。あなたの波長に見合った人しか、あなたの周囲には配置されません。

彼が離れていったのは、二人の波長が変わったからです。

もし、あなたの波長が落ちたために、彼に嫌われたのなら、自分の波長をもう一度高める努力をしましょう。いい音楽を聴いたり、友だちとしゃべったり、おいしいものを食べて、心と体を癒《いや》しましょう。

そうやって、少しずつ波長を高めていれば、きっと新しい恋が始まります。そのとき、別れの本当の理由なんてどうでもよくなっている自分に気づくでしょう。

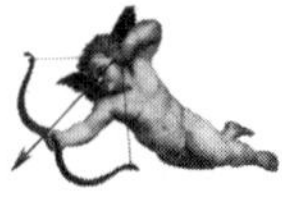

別れのショックで、自信を失ってしまったとき、このシンプルな考え方があなたを救います。

「何があっても、私たちは別れない」と思い込んでいた人が、彼に別れを切り出されると、ショックは大きいでしょう。

けれどもまず、その思い込みが傲慢《ごうまん》だったのではないかと、振り返ってみてください。「彼は私に惚《ほ》れてるから、何があっても大丈夫」という安心感から怠惰《たいだ》になり、わがままになっていなかったでしょうか。だとすると、別れが来ないほうが不思議です。

もし、そういうプロセスで別れたのなら、持ちすぎていた自信を削《けず》られただけ。傲慢になってしまっていた自分を反省して、次の恋にその教訓を生かしましょう。

また、別れ際にひどい一言を言われたために、自信を失うこともあるでしょう。たとえば「きみには、女性としての魅力を感じてなかった」などと言われると、それがノックアウトパンチのようになって、立ち上がれなくなることもあります。

そんな場合はまず冷静に、彼の言葉は本当だったのか、と分析してみてください。もし彼の言葉が図星《ずぼし》で、自分に反省すべき点があるのなら、改めればいいだけのこと。

彼の言葉が的外《まとはず》れで、こちらの人格を傷つけて楽しんでいるだけなら、放っておけばいいのです。そんな相手を選んでしまった自分の見る目のなさ、あるいは波長の低さを反省すればいいだけです。

神様が人間に与えているのは、問題だけ。悩みは与えていません。悩む必要はないのです。問題を考えて、解決すればいい。そんなふうにシンプルに考えてみてください。

悩むのは、「そんなこと、言われたくない」とか「別れをなかったことにしたい」などと、無理なことを望むからです。すると、「自分はダメだ」というネガティブな思いの中にうずくまって、身動きがとれなくなってしまいます。

これは見方を変えれば、だだっ子が「どうせダメだもん」と拗《す》ねているのと同じです。

別れは確かにショックなことです。そのときは思いきり泣いたり、やけ酒を飲んで暴《あば》れたりしてもいいでしょう。けれど、いつまでも引きずってはいけません。

波長の法則で、ポジティブな思いを持てない人には、ポジティブな人は寄ってこないのです。いつまでも「自信がない」と言っていると、周囲に集まってくるのは、同じように自信のないタイプか、自信のなさにつけこもうとするタイプだけです。

幸せになりたいなら、自分の力で立ち上がりましょう。つらいときは少し休んで、体力と気力を回復させて。それからまた歩き出せばいいのです。

もう二度と人を愛せない、愛されない。そんな思い込みは今すぐ捨てましょう。

失恋のショックが大きいと、「私はもう二度と恋ができないんじゃないか」と思ってしまうことがあります。

人を愛することも、愛されることも、できないのではないかという気持ちになるのです。

けれど、それはただの思い込みです。

愛されない人など、この世に一人もいません。

たった一人の男性からしか愛されないなんて、悲しいことです。もっとたくさんの人に愛される価値が、あなたにはあるのです。

たとえ今、ラブラブの恋人がいる人でも、「私を愛してくれる人は、この人だけ」などと考えないでください。地球上には、愛が満ちています。あなたを愛してくれる人は何人でもいます。

また、「たった一人の人しか愛せない」というのも、狭い考え方です。愛を、そんなふうに狭苦しくとらえると、自分を苦しめることになります。

愛は与えるもの。

たった一人の人にしか与えられないほど、少ない愛しか持っていないなんて、女がすたるというものです。人間としての魅力を疑われてしまいます。

「もう誰も愛せない」と言うと、カッコよく聞こえるのですが、違います。これはカッコ悪いこと。そんな言葉に酔っていると、言霊《ことだま》の力で、本当にそうなってしまうので要注意です。

ネガティブな思いを言葉にしてはいけません。言葉にしてしまうと、そこにエネルギーが宿って、本当にネガティブなものを引きよせてしまうのです。

失恋したとき、どうしてもネガティブな思いにかられてしまうのは、よくわかります。少し愚痴《ぐち》をこぼすのは仕方がないでしょう。けれど、「もう愛せない」「愛されない」などの言葉を言ったり、書いたりするのはやめましょう。

もし、ノートに書いてしまったなら、すぐに消すこと。友だちに言ったとしたら、あやまることです。「あんなこと言って心配かけて、ごめん」と言っておきましょう。

いつかまた誰かに恋をして、「前に失恋したときは、もう誰も愛せないなんて言ってたくせにね」と笑い話になる日が必ず来るのですから。

別れた彼への憎しみに苦しむとき、この方法を知っていれば心が静まります。

別れた相手が憎くて、夜も眠れない。

これは、言いかえると、まだ愛している、ということです。

愛の反対は、憎しみではありません。愛と憎しみは、表裏《ひょうり》一体《いったい》。愛の反対は、無視、無感情です。憎いと思うその分、まだ愛している。だから苦しいのです。

憎らしく思うほど、愛してしまったなら、その憎しみを消し去るには、時間をかけるしかありません。時間をかけて、愛のほてりを冷《さ》ましてください。

別れ際に、何かひどい仕打ちをされると、憎しみが生まれやすくなります。

「私にあんなひどいことをした彼が、今、幸せでいるかと思うと、許せない」と思ってしまうのです。

別れた相手への憎しみが嵩《こう》じると、「復讐《ふくしゅう》したい」という思いまで出てきます。

けれど、それは人として絶対にしてはいけないこと。相手に復讐するということは、責任転嫁《てんか》なのです。彼とかかわったということは、ほかの誰でもない、あなたが呼びよせたこと。波長の法則で出会って、つきあい始め、カルマの法則で別れたのですから、すべての責任は自分にあります。

それを忘れて、ただ相手が悪いと思い込むと、復讐心が起こります。復讐心は、自己責任のなさを示すものなのです。

人と人の関係は、すべてフィフティ・フィフティです。

たとえば霊感商法でだまされて壺《つぼ》を買わされたとしても、買ったのは自分です。「この壺を買えばラクして幸せになれる」「ラクして儲《もう》かる」という打算が働いたから、お金を失ったのです。そのことへの反省もなく、ただ相手が悪いと怒るのは、自己責任がなさすぎるのではないでしょうか。

「私が悪かった部分もあるけれど、大部分は向こうが悪い」と思うのも間違いです。

相手が極悪非道《ごくあくひどう》なら、見抜くのは簡単だったはず。それができなかった自分に、相手と同じだけの非があるのです。また、そんな悪を呼びよせてしまった自分の波長にも、問題があったはずです。

復讐したいという気持ちは、憎しみと同じく、愛の裏返しであり、未練です。

カルマの法則を思い出しましょう。自分でまいた種は、自分で刈り取ることになっているのです。あなたにひどい仕打ちをした人は、必ず誰かにひどい仕打ちをされるでしょう。あなたが憎む必要などありません。

もしそこで憎んでしまうと、今度はあなたが誰かに憎まれるという形で返ってきます。「自分のしたことは自分に返ってくる」と思って、悠然とかまえましょう。

ただし、「いつか同じことが返ってくるわよ」と思う気持ちの中に、すでに復讐心がある場合があります。それは、また自分に返ってきますから気をつけてください。

「すべて天に委《ゆだ》ねて、判断してもらいます、私はもう関係ありません」という静かな気持ちに戻ることが大切なのです。

また、そのことだけにのめり込まず、何か別に打ち込めるものを持ちましょう。

恋愛がうまくいく人は、恋愛以外に何か打ち込めるものを持っている、という特徴があります。恋にだけのめり込んでいると、恋を失いやすいし、失ったとき立ち直りにくい。

憎しみや復讐心から逃《のが》れるためにも、つねに冷静なバランス感覚をなくさないようにしてください。恋に燃え上がっているときほど、冷静さが必要なのです。

それでも別れた相手への憎しみが生まれた場合は、少し時間をかけて、心と体を休めてください。憎むのにも、エネルギーがいります。そんなところに無駄《むだ》にエネルギーを使うのはやめましょう。波長を低めて、次の恋を遠ざけるだけです。

憎むまで人を愛したのなら、いつか必ず憎しみは感謝に変わります。いい経験をさせてもらった。愛も憎しみも教えてくれた。ありがとう。そう思えるようになるのです。

やむをえない事情に負けた恋。その十字架を背負うことで、たましいは磨かれます。

やむをえない事情で、別れてしまうケースは、いくつもあります。

たとえば、相手の海外転勤が決まったり、何か大きな病気にかかったり、周囲の強い反対を受けたりした場合、誰もがそれを乗り越えられるとは限りません。

そういう事情を抱えた相談者も多いのですが、答えは本当にケースバイケース。ただの正義感から「そんな障害は乗りきって、恋を貫《つらぬ》きなさい」とは言えません。

人のたましいには、器《うつわ》があります。その困難を乗りきれるだけの器と自信があるなら、貫けばいいのですが、器も自信もないのに無理をしても、いつかは破局がくるでしょう。

事情に負けて、別れを選ぶ場合があっても、それは仕方がありません。

ただし、「事情に負けた自分」という自覚を持つことは必要です。

どんな事情があるにしろ、それを乗り越える人はいるのです。婚約者が事故にあって半身不《ふ》随《ずい》になっても、周囲の反対を押しきって結婚し、幸せになった人もいます。相手と本当に強い愛の絆《きずな》がつくれていれば、乗り越えられない障害はありません。

そこまでの強い絆をつくれなかった、ということは覚えておいたほうがいいでしょう。それは、自分という人間を深く知り、次にいい恋をするために必要なことです。障害を乗り越えられなかった自分を責めなさい、ということではありません。別れを決断したとき、あなたも苦しんだはずです。それでもう十分なのです。

相談者の中に、「大好きな彼女がいるけれど、体が弱くて、子どもは無理だということがわかっています。でも、自分は子どもが大好きだし、年老いた両親も孫をほしがっているんです」という人がいました。

彼は結局、彼女と別れました。子どもを強く望む家に嫁《とつ》いだら、彼女が苦しむだろうと思ったからです。自分が守ってあげられればいいけれど、自分にも子どもがほしいという気持ちがある限り、自信が持てなかったのです。

別れを告げられた彼女も苦しかったでしょう。けれど、告げる彼も苦しかった。その苦しみは無駄ではありません。その中で、二人ともさまざまに迷い、相手や周囲を思いやり、愛について深く考えて、学んだからです。そのプロセスが大切なのです。忘れる必要はないし、忘れてはいけないことです。

誰かを苦しめた十字架を背負って生きなければいけないこともあります。それはつらいけれど、その分、たましいは深く磨かれているのです。

恋しい人との死別。その悲しみを癒すには……。

この章でくり返し書いたように、別れた相手を忘れる必要はありません。ただ、思い出に変えればいいだけです。

けれど死別の場合、事情が少し特殊なので、もう少し詳しくお話ししたいと思います。私のカウンセリング・ルームには、この相談がとても多いのです。亡くなった人が忘れられないとき、スピリチュアルなカウンセリングは、効果的です。死んだ人は別の世界で生きている、ということが、私にはよくわかります。ほとんどの死者は、自分の死を嘆いたり、苦しんだりしていません。ただ、遺《のこ》された人を心配しているだけです。

その別の世界で生きている人のメッセージを遺された人に伝えると、悲しみが少しやわらぐのです。

相談者の中に、出産を目前にして夫が事故死してしまった、という人がいました。彼は、生まれた子どもの顔さえ見られなかったのです。

「今、あの世で苦しんでいるのではないでしょうか。死んだことを悔やんでいるだろうと思うと、かわいそうで……」と、遺された奥さんは涙ぐみました。

私が霊界と通信をとると、バイクに乗った若者の姿が見えました。聞くと、「彼はバイクがとても好きだった」とのこと。なるほど、と思いました。

彼は「私のTシャツをパッチワークして、子どもにかけてやってほしい」というメッセージを伝えてきました。

それを奥さんに伝えると、確かに彼はTシャツを集めるのが好きで、家に何枚もあると言います。奥さんは、さっそくメッセージどおりに、父のにおいが残っているTシャツをパッチワークして大きな布をつくり、それを子どもにかけてあげたそうです。

そういうことができると、少しずつ悲しみが癒《い》えていきます。

周囲に霊能者がいない場合は、眠る前に「夢の中で亡くなった人に会わせてください」と祈ってください。すると、夢の中に、亡くなった人があらわれます。笑顔であらわれたら、「安心しなさい」という意味です。

悲しみにくれていると、なかなか夢に見ることができません。現実の世界でも、悲しくて泣いていると、隣に人がいても気づかないでしょう。それと同じです。

少し気持ちが落ち着いたころに、必ず夢に出てきてくれますから、祈りながら、それを待ちましょう。亡くなった人は、決して苦しんだり恨《うら》んだりしていないことが、そのときわかると思います。

また、相手が早くに亡くなると、二人で過ごした時間が短くて、悲しいということもあるでしょう。「時間が短い＝不幸」という考え方が世間にはあるからです。

けれど、短かったから不幸というわけではありません。その短い中に、どれだけ愛を凝縮《ぎょうしゅく》できたかが大切なのです。長く暮らしても、仲の悪いカップルもいます。それより、短い時間でも濃密《のうみつ》な愛を育《はぐく》めたなら、そのほうがいい。彼を看取《みと》るという経験ができたなら、その中で愛について多くを学べたでしょう。

現世に出会いと別れはつきものです。その間のプロセスこそが大切なのです。

遺された人は「死んだ人に申し訳ないから、もう恋愛なんかしない」と思ったり、新しく好きな人ができたときに、罪悪感を抱《いだ》いたりしがちです。

でも、先ほど書いたバイク好きの彼は、「子どものいい父親になってくれる人と、幸せな再婚をしろ。ちゃんと俺に相談しろよ。守ってやるから」と言ってきました。

新しい恋をすることに、罪悪感を覚える必要はありません。ただ、亡くなった人に「これから新しい恋をするよ。見守ってね」と報告して、手を合わせればいいのです。

亡くなった人が望んでいるのは、生きている人の幸せだけ。そして私たちは、幸せになる努力を続け、いつか同じように別の世界へと旅立ちます。

人はみんな同じ。死んだ人だけが不幸ということでは、決してないのです。その事実を忘れないでください。

Chapter 5

「運命の出会い」のつくり方
さまざまな出会いを生かしていますか？

「宿命」と「運命」は違います。

宿命とは、生まれる前に自分が決めてきた事柄《ことがら》や縁。料理でいえば、素材です。これを変えることはできません。運命とは、素材をあやつる料理のワザ。創意工夫や努力しだいで、天下一品の味にもなれば、食べられないほどまずくもなります。自分の力で、どうにでも変えることができるのです。

運命は、変えられる。このことを理解しなければ、幸せにはなれません。

人は誰しも、「宿命」の海を持っています。そこに泳ぐ魚たちが、あなたに縁のある運命の人、ソウル・メイトです。私たちは、その海の中から、「運命の赤い釣り糸」で、恋の相手を釣り上げるのです。

魚がいない海はありません。すべての人に、出会いはあります。

「出会いがない」と嘆《なげ》く人は、その事実を知らない人。出会うべき魚を釣る努力をしていない人。あるいは、自分の海ではなく、隣の人が持っている海ばかりを見ている人です。

恐れずに、海に漕《こ》ぎ出してください。ポジティブな波長を出し、「念力」を込め、「タイミング」を見計らって、運命の赤い釣り糸を、その海に投げ入れましょう。

そうすれば必ず、あなたのたましいにぴったり寄り添う人と出会えます。

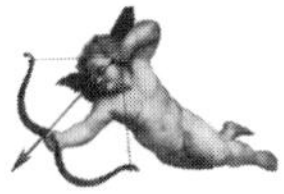

強烈な「ひとめ惚れ」から始まる恋。そのとき見失いやすい真実とは？

ひとめ見ただけで、ハッとして胸がときめく。そんな恋の始まりもあります。そんな彼とは、何か特別な縁があるように思うかもしれませんが、そうとは限りません。ひとめ惚《ぼ》れをするときは、相手の中に自分にはないものを見て、それに憧《あこが》れていることが多いのです。自分にはないけれど、ほしいもの。たとえば、優しさ、リーダーシップ、ユーモアなど、自分とは正反対の性質をひとめで感じとって、好きになってしまうのです。

あるいは、自分と似たような「影」を相手に見た場合も、恋に落ちることがあります。「なんとなく寂しそうで、放っておけない」というような場合、自分自身も何か寂しさを抱《かか》えていて、癒《いや》されたいと思っていることが多いのです。

こういうひとめ惚れは、なかなか成就《じょうじゅ》しにくいのですが、それは、最初見た印象と、つきあってからの印象が大きく変わることが多いからでしょう。

だからといって、ひとめ惚れが悪いわけではありません。どんな恋愛においても、大切なのは結果ではなくプロセス。その相手を好きになった自分を分析することで、自分という人間をより深く知ることができるようになります。その経験こそが大切です。

　これは、自分がひとめ惚れをされた場合も同じです。相手がなぜ自分にひとめ惚れをしたかを考えてみると、意外な自分の一面に気づく場合があります。

「ひとめ惚れしました」と言ってくれる相手とまったく正反対の自分、あるいは、同じような影を持つ自分。どちらなのか、考えてみてください。

　よくあるのは、自分も同じように誰かにひとめ惚れしやすいタイプだという場合です。片思いして、誰かを追いかけるのが好きな人は、自分もよく追いかけられます。

　そして、そういうタイプは、じつは自分が追いかけている人とよりも、追いかけてくれる人と恋愛するほうが幸せになることが多いのです。

　ひとめ惚れをして誰かを追いかける場合、その相手に自分の理想を押しつけていたり、現実の自分から逃避《とうひ》するための手段にしたりしていることが、よくあります。

　自分が同じように追いかけられる立場にたつと、そのことがよくわかるでしょう。

　そういう自分が見えてきたら、「地に足のついた恋をするためには、相手選びから考え直すことも必要かもしれない」と考えてみてください。

　そして、追いかけてくれる人の良さを見直すことも大切です。あなたの何かに惹《ひ》かれたということは、波長が合うということ。そんな相手は、簡単に切って捨てずに、よく見つめてみましょう。恋の幸せは、案外、身近なところにあるのです。

「ゆきずりの恋」のつもりが、つい本気に！それは「暗闇の手すり」ではないですか？

街でたまたま声をかけられて、遊びのつもりで少しつきあったら、いつのまにか本気になってしまった。そういう経験をした人もいるでしょう。

ゆきずりの恋というと、あまり印象は良くないのですが、これには二通りあります。

最初は遊びのつもりだったけれど、少しつきあううちに、相手の本当の良さが見えてきて、離れがたくなってしまう場合。これは、出会い方はゆきずりでも、その後で本気の恋が始まったのです。そのプロセスは、ほかの恋と何も変わりはありません。

気をつけてほしいのは、「寂しさ」から始まった恋です。

なんとなく寂しい気分でいたときに、声をかけられて、つきあった。そのときは寂しさが癒されたような気がして、離れられなくなった。こういう恋は、「暗闇《くらやみ》の手すり」であることが多いのです。

暗くて寂しくて不安だと、人はともかく何かにしがみつこうとします。

周囲が明るくなって安心すると放せるのですが、暗闇のままだと、どんなひどいものでも、手放すことができません。

それと同じで、寂しくて仕方がないとき、誰でもいいからそばにいてほしくて、しがみついてしまうことがあります。そういう恋は危険です。ズルズルと時間ばかりかけても、決して幸せにはなれません。本当の愛ではないからです。

たとえば料理の味見をするとき、空腹だと、なんでもおいしく感じてしまいますね。だから、コックさんは、お腹《なか》が一杯のときに味見をします。そうしないと、本当の味はわからないからです。コックさんに太っている人が多いのは、味見のために、いつもお腹を一杯にしているからです。

愛情もこれと同じ。心にたっぷりの愛情があれば、本当の愛を見分けることができます。心が寂しくて、愛に飢《う》えていると、何でも良く見えるので、本物を見極《みきわ》められません。「ゆきずりの恋が本気になった」と思っていても、そう思い込みたいだけかもしれないのです。

まず自分の心の中にある愛情の電池の量を確認しましょう。足りないようなら、家族や友人の愛で補《おぎな》って、それからもう一度、彼を見つめ直してみてください。ギョッと思うような手すりをつかんでいたなら、きっぱりと手を放すこと。

明るいところでしっかりと相手を見ることが、幸せな恋をする条件です。

異国だからこそ始まるドラマのような恋！
「海外での出会い」を本気の恋にするために。

まるでドラマのように、海外旅行に行った先で出会った人と、衝撃的に恋に落ちる、ということは、実際にあります。

「そんなゆきずりの恋は、かなうわけがない」「遊びに決まってる」と決めつけてはいけません。

本当にたましいが引き合ったなら、距離も時間も関係ありません。

メールや手紙のやりとりで、十分に気持ちは通じ合うし、会う時間が短くてもお互いを理解しあえます。私の友人の中には、ペンパルとして知りあったイギリス人と結婚して、幸せになった人もいます。

ただ、気をつけたいのは、恋のきっかけが、あなたの寂しさにあるときです。

本当に相手が好きなのではなく、前項で書いた「暗闇の手すり」にしがみついている場合。相手が日本にいれば、いろいろと見えてきて、「なんだ、こんな人だったのか」と気がつきやすいのですが、離れていると見えないし、美化されやすいのです。

旅先で出会ったとなると、期間限定で、お互いに一番いい部分しか見せていません。都合《ごう》のいい出会い方になった可能性もあるでしょう。

それをいいことに、現実逃避として、その「恋に似た感情」を利用してしまう場合があるのですね。

現実の生活は平凡で退屈でも、「私には、海外に恋人がいる」と思うことで、一瞬、つまらない日常が甘くコーティングされてしまうのです。現実から目を背《そむ》けるために、あえて遠くにいる人を恋人に選んでいると言えるでしょう。

けれど、実際に現実がすてきに変わったわけではありません。

もし、海外旅行先で出会った人や、遠く離れてなかなか会えない人と恋に落ちた場合、その恋がどちらのケースなのか、冷静に判断してみてください。

暗闇の手すりなら、少しがんばって、手を放す勇気を持ちましょう。

本物の恋だと思うなら、距離は障害ではありません。いろいろな方法で二人の愛を深めることは、必ずできます。

気合いの一本釣りで、すてきな恋を釣り上げる。出会いの王道、「合コン」!

恋がしたいなら、家の中に閉じこもっていてはいけません。

運命の赤い釣り糸を持って、出会いの海に漕ぎ出すことが必要です。ただし、海岸線で釣りをするのと、船を漕ぎ出して沖で釣りをするのでは、釣れる魚の種類も量も違います。いい出会いを求めるなら、横着《おうちゃく》をせずに、船を出して沖まで出なくてはいけないのです。

合コンに出ることは、つまり「船を出す」ことです。海岸線にいては、出会えない魚と出会うことができるでしょう。

その中から、本当に自分のたましいに合う人を見つける可能性もあります。複数の人がいる中で、どんな役割をするかによって、相手の性格もわかるし、こちらの性格をアピールすることもできます。そういうシーンを見たうえで、互いに「いいな」と思ったカップルは、うまくいくことが多いのです。

一回や二回の合コンでは、ダメかもしれませんが、懲《こ》りずに何度でもチャレンジしてください。海は広いし、出会うべき人はたくさんいます。

合コンでいい人と出会うためのコツを、いくつかご紹介します。

【スピリチュアル・パワーが授かるおまじない】
②合コンですてきな出会いをつかむ

合コンには、自分のオーラカラーと同じ色の服を着ていきましょう。人には誰でもオーラがあり、その色はそれぞれ違います。自分のオーラと同じ色の服が、一番自分を明るくすてきに目立たせてくれるのです（自分のオーラカラーを知りたい人は、『スピリチュアル生活12カ月』〔三笠書房刊〕を参照してください）。

次に、結果を焦《あせ》らないこと。たかだか2～3時間の間に恋が芽生えることは、そうはありません。まずはメールアドレスや携帯電話の番号を交換して、自分を印象づけておくだけでいいのです。また会いたいと思えば、こちらから連絡してみましょう。「早く決めなくちゃ、誰かにとられる」などと焦らずに。

最後に、もっとも大切なこと。それは、念力です。「絶対にすてきな人と出会いたい」という前向きな気持ち。その波長が、本当にすてきな人との出会いを引きよせます。「なんとなく寂しいときに、誘われたから仕方なく」という気持ちで出た合コンには、いい出会いはありません。恋も人生も、大切なのは、念力とタイミング。「よしっ！」と、気合いを入れていきましょう。明るく強い波長こそが、幸せな恋を呼びよせるのです。

大きな可能性とリスクを秘めた未来型玉手箱、「インターネット恋愛」にハマる前に知っておきたいこと。

趣味のチャットや、出会い系サイトなど、インターネット上での出会いは、これからますます増えていくでしょう。

実際に、ネットで知りあった人と結婚して幸せになっている人もいますから、出会いの幅を広げるために、インターネットを楽しむのもいいと思います。

ただ、やはり大切なのは、相手の本当の姿を好きになったのか、それとも「暗闇の手すり」として利用しているだけなのかの見極めです。

とくに、インターネットでは、簡単に嘘《うそ》をつけます。自分の本当の姿を隠《かく》すことがたやすいのです。

そんな中で、こちら側にも「寂しいから、だまされてみたい」という気持ちが無意識にあるとすれば、お互いを呼びよせあってしまうでしょう。

だまされるのではなく、こちらがだましてしまう場合もあるかもしれません。嘘をついて、架空の自分になりすまし、架空の恋を楽しむこともできるからです。

けれど、それを始めてしまったら、最初は良くても、しだいに苦しくなってきます。人はいつまでも嘘をつきとおすことはできません。

もし相手が本気になってしまった場合、とりわけひどい傷つけ方をすることになります。好きな相手が自分に嘘をついていたということは、大きなショックです。最悪の場合は、殺傷事件にもなりかねません。

インターネットは、恋の可能性を大きく広げる便利なツールですが、今までとは違う大きなリスクを伴うものであることを、きちんと理解しておきましょう。

現代の恋はここから始まる。「お見合い」を見直そう！

今は「お見合いの時代」です。お見合いをバカにしてはいけません。

人の紹介で出会ったからといっても、出会いに変わりはありません。出会うべくして出会った「運命の人」です。そこから恋愛が始まるかどうかは、あなたの腕しだい。

「恋愛ができないので、お見合いするしかない」と言う人がいますが、そんなに卑下《ひげ》する必要はないのです。二章でも書きましたが、今、いい男性は仕事で会社に縛《しば》られていることが多いので、偶然に街で出会うなんてことは、まずありません。いい人と出会うためにも、積極的に「お見合い」という選択肢《せんたくし》を見直してみましょう。

「お見合いをするような人だから、暗いかダサイに決まってる」などということは、今ではまったくないのです。

お見合いは結婚が前提なので、仕事や家庭環境が最初からわかっています。紹介してくれる人が中に立っているので、「もてあそばれるかも」という心配もありません。冒険が苦手《にがて》なタイプ、慎重《しんちょう》なタイプの人には、ぴったりのシステムです。

昔ふうの「お見合いおばさん」が中に入ってのお見合いだと、すぐに返事を迫られたり、断りにくかったりするので、もっと気軽な感じで紹介してもらうといいでしょう。

コンピュータシステムのお見合いも積極的に利用してみてください。相談者の中にも、コンピュータ見合いで結婚し、幸せになっている人が何人もいます。

ただ、お見合いから恋愛が始まるとはいっても、やはり「結婚したい」という気持ちが必要です。恋愛相手を探したいなら、合コンなどのほうがいいでしょう。

コンピュータ見合いの場合、集団のお見合いパーティなども企画されますが、これはあまりお勧《すす》めできません。恋愛ではなく、結婚が目的の場合、候補者が目の前にずらりと並ぶと、どうしても「品選び」のようになってしまうからです。たとえば、年収500万と600万の人がいれば、どうしても600万の人に目が行ってしまい、相手の内面を見る目が曇ってしまうでしょう。

お見合いをする場合は、あくまで一対一でしてください。相手をよく見て、話をして、「この人と結婚したら、どんな人生が待っているだろう」と考えてみましょう。

恋愛は感性の勉強、結婚は忍耐の勉強です。二人でチームを組んで家庭を築《きず》き、社会と向き合っていくのです。そんなパートナーになれるかどうかを自分に問いかけましょう。

そんな候補者と会いに行くのですから、お見合いにはぜひ、ワクワクした気持ちで行ってください。思いもかけない、すばらしい出会いが待っているかもしれません。

ただの友だち、ただの同僚が、急に気になる！「出会いなおし」こそ、理想の恋の始まり。

今までなんとも思っていなかった友だち、同僚、上司などの身近な男性が、急にすてきに見えてきた。そんなとき、「ほかに誰もいないから、手近なところですませようとしてるんじゃないの」などと、口の悪い友だちにからかわれたりするかもしれません。

けれど、身近にいるからという理由だけで、今まで友人だった人を異性として見ることは、なかなかできません。けれどそうなった。ということは、最初に友人としてつきあう中で、相手の人間性を見て、そのうえで異性として好きになり始めたということですから、これはかなり本物です。

衝動的なひとめ惚れよりも、自分に合うタイプであることが多いし、素《す》の自分を見せてのうえでの恋だから、成就しやすいのです。理想の恋の始まりかもしれません。

友だちに恋心が芽生えたら、「まさか。あんなの、ただの友だちよ」と否定せずに、自分に正直になって、相手に気持ちを伝えてみましょう。

ただ、それまでのつきあいを失いたくないなら、できるだけさりげなく、「私ってモテないんだよね。どうしてかなあ」などと、恋愛方面の話題をふってみるのがいいでしょう。

そのときの反応で、相手が自分をどう思っているか、だいたいの判断がつくと思います。いきなり「あなたが好き！」と爆弾を投げつけると相手も驚くでしょうから、少しずつ恋の会話を楽しむつもりで、チャレンジしてみてください。

また、つきあいが始まったとき、困るのは、お互いに相手のことを知りすぎているという点です。

今までどんな人とつきあって、どんな失恋をしたか。何を悩んで、何にコンプレックスを抱《いだ》いているか。恋愛対象でなかったがゆえに、さまざまなことを知っているでしょう。

とりわけ、お互いの恋愛経験については、知っていても口にしないことが鉄則です。「男性は女性の最初の恋人になりたがり、女性は男性の最後の恋人になりたがる」ということわざがあります。男性のほうが、女性の過去にヤキモチを焼くことが多いので、できるだけ刺激しないように、過去については口を閉ざしましょう。それが、互いに知りすぎた相手との恋をうまく進めるコツなのです。

Chapter 6

つきあっているのに、うまくいかない そんな恋の悩みに効くクスリ

出会って、つきあい始めても、それでハッピーエンドではありません。

どんなカップルでも、つきあう中で、さまざまな壁にぶちあたります。

それは当然です。お互いのたましい、現世《げんせ》に生まれてからの経験、歴史が違うからです。

ささいな口ゲンカから破局に至る大トラブルまで、さまざまな問題をどう乗り越えるか。

そのとき試《ため》されるのは、釣った魚をどう料理するかという、あなたの腕前です。言いかえれば、あなたが今まで生きてて、愛し愛されてきた経験、それによって培《つちか》われた人格が、ものをいうのです。

本当に心豊かな人、経験の豊かな人は、必ず愛を得て、幸せになれます。

「とてもいい人なのに、幸せになれない」という人はいません。ネガティブな思いグセなど、自分で自分の幸せを阻《はば》む要因が、必ずその人にはあるはずです。

この本を通して、また日々の行動の中で、前向きに愛を学んでください。

その中で得た気づきが、必ず幸せを引きよせてくれるでしょう。

忙しくて、なかなか会えない。そんな二人のラブ・メール活用術。

お互いの仕事が忙しくて、デートする時間がないと、しだいに寂しさや不安が募《つの》ります。けれど、「会えない」ということが理由で、彼との関係がうまくいかないということはありません。本当の問題は、自分自身の心にあります。

愛情の電池が足りなくなって、二人の関係に自信が持てなくなっているのです。

まずは、体と心の疲れをとり、友人や家族の優しさにふれて、愛情の電池を充電しましょう。すると、彼との問題もクリアに見えてきます。

長時間、一緒にいても、お互いにそっぽを向いて、会っていないのと同じようなカップルもいます。反対に短い時間しか会えなくても、その時間を充実させることができれば、そのほうがずっといい関係を築《きず》けるでしょう。短い時間だからこそ、一生懸命、彼のことを見つめて、愛すればいいのです。

また、実際に会えなくても、今はメールを使ってコミュニケーションをとることができます。メールのやりとりだけでも、愛を深めることはできるでしょう。

メールだとハートフルな内容を照れずに書くことができるので、愛を伝えたり、甘えたりするのに意外と向いているのです。この便利なツールを十分に生かしてください。

ただし、メールでは愚痴《ぐち》や不平不満を言わないこと。これがルールです。何か腹の立つことがあったときも、メールで伝えると逆効果。「わかってほしい」という波長が伝わらず、怒りや愚痴の内容だけがストレートに届いてしまうので、いい結果になりません。

直接向き合って話すのが無理なら、少なくとも電話を使って、自分の声で伝えるようにしてください。そうすれば、誤解されることも少ないでしょう。

メールでケンカをしてしまうと、修復が不可能なほど、傷つけあってしまう場合があります。生身の相手が目の前にいないために、言葉にブレーキが効《き》かなくなるし、相手の言外の気持ち、たとえば「寂しい」とか「わかって」という思いが見えなくなるからです。その点だけは、注意してください。

実際に会えないと、愛を育《はぐく》むのは難《むずか》しいように感じるかもしれません。けれど、二人の愛が本物なら、工夫しだいで必ず乗り越えられます。

時間も距離も、愛の障害にはなりません。

逆に言えば、時間がなくて会えないときこそ、二人の愛が本物かどうか、確かめるチャンスと言えるのです。

彼との仲をどこまで進める？
迷ったとき、ベストな選択をする方法。

つきあい始めてしばらくは、誰でも夢心地。ワクワク、ドキドキで楽しい日々を過ごせるでしょう。けれど、恋は一カ所にとどまることはありません。次々と新たな場面を迎えます。初デートで手をつなぎ、二回目でキス、三回目で……というプロセスが恋の醍醐味《だいごみ》でもあるわけですが、それが怖《こわ》くなってしまうケースが、ときどきあります。

今の人たちは、あっけらかんと、こだわりなく生きているように見えて、じつは繊細《せんさい》で傷つきやすくなっています。「この線を越えたら、彼が変わってしまうのではないか」という心配で立ちすくんでしまう。これは、じつは古くて新しい、普遍的な悩みなのです。

越えられない一線とは、たとえば初めてのセックスだったり、彼と一緒に住むことだったり、人それぞれでしょう。相談者の中でも、「プロポーズではないけれど、彼から一緒に住もうと言われて、迷っているんです」という人がいました。

結婚前に一緒に住んでしまうと、結婚する機会を逃《のが》したまま、ズルズルと長期間、同棲《どうせい》してしまう場合もあるので、不安になる気持ちはよくわかります。そういうときは、自分の心をよく見つめて、自分が本当はどうしたいのかを感じ取ることが必要です。

迷ったとき、答えはすべて自分の心の中にあります。静かな一人の時間をつくり、自分のガーディアン・スピリット(守護霊)にプラグをつないで、答えを探してみてください。

必死になって答えを求めていると、何気なく見た雑誌やテレビの中、人との会話の中に答えが示されることがあります。よく注意して、周囲のものごとに敏感になりましょう。

自分の心の声を聞かず、「彼に嫌われたくないから」という理由だけで突き進んでしまうと、後悔《こうかい》することになるでしょう。

反対に、突き進むことができず、臆病《おくびょう》になってしまうという場合、過去に恋で傷ついた経験が、大きなトラウマになっているせいかもしれません。「あのときと同じように、この恋も壊れるのでは」「ひどい目にあうのでは」という思いがぬぐいきれないのです。

そういうときは、彼に「北風と太陽」の太陽になってもらいましょう。

北風では、旅人のコートを脱がせることはできません。少し時間はかかるかもしれませんが、じっくりと心の傷が癒《い》えるのを待って、それから進めてもいいのです。

彼には、「前に少しいやな思いをしたことがあるから、今はまだ踏みきれない」と言ってみましょう。いらないヤキモチを焼かれると困るので、詳《くわ》しく言う必要はありません。

それで待ってくれる人かどうか。ここで、彼をより深く知ることができるのです。

モテモテの彼。その心をつなぎとめるには？

恋をしているときは、いつも「北風と太陽」の話を思い出してください。

彼に対して、北風ではなく、太陽であり続けることが大切なのです。

「つきあっている彼が、モテすぎる」という人は、心配で仕方がないでしょう。「彼が浮気をするのではないかと思うと、気の休まるときがない」と言って相談に来た人もいます。けれど、四六時中、彼を監視するわけにはいきません。モテるからといって、「不安でたまらない」という顔をいつも見せていると、彼も楽しくないでしょう。

彼を失いたくないなら、太陽でいることです。

ニコニコ笑って、いつも屈託《くったく》なく過ごしましょう。

「私だけを見て！」と言ってしまうと、それは北風です。彼の心を凍《い》てつかせます。あくまで大切なのは、心のつながり。彼があなたといることで、「あたたかいな」「心地いいな」と感じることが大切なのです。

周囲から何かを言われても、「私の彼はモテるのよ」と、すましていればいいのです。

彼に対しては「もし私以外に好きな人ができたら、言ってね」と、素直な気持ちで伝えておきましょう。そして、万一そのときが来ても、「彼の幸せだけを第一に考える」という決意を、自分の中でしておくことです。

相談者の中に、体重80キロを超える女の子がいました。でも、片思いだった二枚目の彼のハートを射止め、みごと結婚したのです。

彼女の成功の秘訣《ひけつ》は、いつも明るかったこと。そして、さりげなく彼を気遣《きづか》い、「落ち込んでない?」「会社でなんかあった?」などと言葉をかけて、彼をサポートし続けたことです。最初は、彼女のことをなんとも思っていなかった彼も、やがて「この子といると元気になれる」「いないと寂しい」と思うようになり、プロポーズ。今も幸せです。

これが太陽になるということ。つまり、相手が今、何を望んでいるかを敏感にキャッチして、適切なフォローをしてあげることです。これは愛がないとできません。

そういう太陽の愛を、つねに彼に対して与えていれば、彼の気持ちがほかの女性に向くことはないでしょう。焦《あせ》ったり、心配したりして、北風にならないこと。これがコツです。

あなたが太陽でいたのに、彼が次々と浮気をしたとしたら、それはただの浮気症です。見た目は良くても、中身はブ男。早く別れたほうが正解です。

好きなのに、すぐにケンカになってしまう。恋を壊す前に仲直りするためのヒント。

つきあい始めて間もないころは、ケンカをすることも多いでしょう。まだお互いをよく知らないし、お互いのオーラが混ざり合っていないからです。

ケンカをしているときは、お互いに言い募るでしょうが、気持ちの底にあるのは、「私のことをわかって」という思いです。どちらもそう思っているから、ケンカになるのです。

そういうときは、まず自分から相手のことをわかってあげようとすることが大切です。相手が何を望んでいるのか、どうしたいと思っているのかを、理解してあげてください。

「まず、私のことをわかってよ」とお互いが譲《ゆず》らないと、いつか本当に別れが来ます。

ケンカのときの言葉には、悪いネガティブなエネルギーが含まれていますから、それが積もり積もると、どんなに好きでも破局が来てしまうのです。

相手に譲れなくて張り合うのは、子どものすること。恋は大人がするものです。

別れたくないなら、大人になって、まず自分のほうから歩み寄りましょう。

私がイギリスに留学したとき、一番驚いたのは、ケンカをしているカップルをヒーリングする専用ルームがあったことです。ヒーラーが二人に手をつながせて、ケンカの理由を聞いたりしながら、半ばカウンセリングもまじえてヒーリングを行ないます。すると、ケンカをしていた二人も、笑顔になって帰っていくのです。

さすがにスピリチュアリズムの先進国、イギリスだと思いました。

ケンカをすると、お互いに心が傷ついていますから、なんらかの形で癒《いや》されることが必要なのです。日本にまだそういう場がないのは、残念です。

多少のケンカは刺激剤ですが、行き過ぎると劇薬になります。くれぐれもご用心を。

【スピリチュアル・パワーが授かるおまじない】
③彼と上手に仲直りする

ケンカをしてしまったときも、ともかく相手と手をつないでいることが大切です。カッとなって、きつい言葉を言ってしまったとしても、別れたくない気持ちがあるなら、体のどこかで触れ合っていること。近くに寄り添っているだけでもかまいません。すると、オーラが融合《ゆうごう》して、仲直りしやすくなるのです。

また、ケンカをした後でも、彼の持っていた本を読んだり、自分がよく聴くCDを貸してあげたりして、相手のオーラを互いに感じ取れるようにしておきましょう。手づくりのお弁当なども、その中に思いを込められるので、効果があると思います。

「独占欲」は愛情の裏返し。優しいコミュニケーションが特効薬です。

「彼の独占欲が強いのです。来たメールは全部チェックするし、女の子との飲み会も許してくれません」という相談を受けることがあります。

つきあい始めたころは、自分への愛情の強さだと思ってうれしいかもしれませんが、それが続くと、うんざりしてくるでしょう。

独占欲は、寂しさの裏返しです。

自分が愛されているという確信が持てなくて寂しいから、恋人を独占しようとするのです。あるいは、過去にひどい裏切られ方をして、恋人を信じることができなくなっているのかもしれません。

そんなときは、まずしっかりとコミュニケーションをとることが大切です。

彼にはプライドがありますから、口では「信じてる」とか「ヤキモチなんて焼かない」と言うでしょう。けれど、独占しようとすること自体、ヤキモチなのです。

まず、「北風と太陽」の太陽になる、と心に決めてください。

そして、「私のどういう行動が信じられないの？」と優しく聞いてあげましょう。

「男友だちが多くて、すぐにイチャイチャするのがいやだ」と言うなら、「男友だちとあなたとはぜんぜん違う」ということを、ていねいに伝えてあげればいいのです。

ひとつずつ、そうやって安心させてあげれば、むやみにあなたを独占しようとすることはなくなります。

また、彼の心に、昔、裏切られたという傷がある場合も、あなたが太陽になってあげることが必要です。時間はかかるかもしれませんが、「私は前の彼女とは違う」ということをきちんと伝えることです。

彼があなたの愛を信じられるようになるまで、時間はかかるかもしれません。しばらく不自由な思いをすることになるでしょう。

けれど、彼が安心感を持てるようになるまで、その不自由さに耐えられるかどうか。

そこまで彼を好きかどうか。

あなたの愛の強さが試されているとも言えるのです。

愛を「暴力」で壊さないでください。最悪の事態を防ぐために必要なこと。

「つきあっている彼に、暴力をふるわれた」という話をときどき耳にします。

日常的に、彼が暴力をふるうという場合、これは一種の病気です。おそらく、幼いころの家庭環境に問題があったのでしょう。

もし彼がそういうタイプだとすれば、これはあなたの愛の力でどうにかできる問題ではありません。彼には、心理カウンセリングなどの専門的な治療が必要なのです。

最近、話題になることが多いドメスティック・バイオレンス（家庭内暴力）では、夫の暴力によって殺されるケースも少なくないのですから、「私がなんとかしなければ」と思わずに、一目散《いちもくさん》に別れたほうがいいでしょう。

スピリチュアルな立場からいうと、暴力癖《へき》のある人、浮気癖のある人は、低級な動物霊に憑依《ひょうい》されている状態です。理性を失ってしまっているので、罪悪感もありません。では除霊《じょれい》をすればいいかというと、そう簡単ではないのです。低級な霊に憑依されるということは本人がその霊と同調する波長を出しているということ。問題は本人にあります。

彼自身が本当に痛い目にあって、「変わりたい」と思わなければ、状況が改善されることは絶対にありません。

そんな彼に対して、「私が助けてあげたい」という気持ちで離れられないとすれば、あなた自身にも問題があると考えたほうがいいでしょう。

暴力をふるう人があなたに依存しているように、あなたも「この人は私がいないとダメ」という気持ちに酔って、彼に依存しているとも言えます。あるいは、寂しさゆえに、捨てられるのが怖《こわ》くてしがみついているのかもしれません。

そういう状態では、決して本当には幸せにはなれません。自分自身の心のあり方をもう一度振り返って、愛情の電池を充電することが必要です。

ただし、彼の暴力が日常的なものではなく、ケンカが嵩《こう》じて「キレて」しまった場合、これは相手をそこまで怒らせた自分のことも反省する必要があります。

彼が手をあげる前に、「言葉の暴力」で彼を殴《なぐ》らなかったか、振り返ってみてください。憎々《にくにく》しい口調、ひどい言葉は、物理的な暴力となんら変わりません。そして言っている本人は、それに気づいていないことが多いのです。

せっかく芽生えた愛も、暴力という嵐の前では一瞬にして枯《か》れてしまいます。最悪の事態を避けるために、彼だけでなく、あなたも気をつける必要があるのです。

「私は彼にふさわしくない？」その劣等感はポジティブに活用しましょう。

自分にはたいして取《と》り柄《え》がないのに、彼はエリートでスポーツマンでカッコいい、というとき。あるいは自分の容姿や性格のどこかにコンプレックスがあるとき。「こんな私は彼にふさわしくないんじゃないか」と思って、落ち込むことがあります。そうなると、彼の前で楽しく自然に振るまうことが、なかなかできません。

じつは「こんな私なのに、つきあってくれている」と思うこと自体は、とても理想的ないいことなのです。

たとえどんな美人でも、才女でも、万人にモテる人気者でも、人とかかわるときは、どこかで相手に迷惑をかけているのです。

迷惑をかけあうことが、イコール、人とかかわること。

だから、どんな人でも「迷惑かけてごめんね。こんな私を選んでくれてありがとう」という気持ちを持つことは必要です。その気持ちがあるからこそ、うまくいくのです。

ただし、その気持ちをネガティブな形で表現してはいけません。

「こんな私なんかと……」と自分を卑下《ひげ》する必要はないのです。それは一種の甘えであり、傲慢《ごうまん》さの裏返しです。

「いや、そんなことないよ」「そんなきみでもいいんだよ」と相手に言ってもらいたいために、自分を卑下してみせているだけなのです。

そういう人は、男性であれ女性であれ、人間として魅力がありません。

足りない点があるとしても、どこかにいいところがあるから、彼はあなたが好きになったはず。

たとえば「きみといると、安らぐよ」と言われたなら、彼にとっての「安らぎ」になれるよう、いつも笑顔でいればいいのです。自分が完全ではないと思うなら、それを補《おぎな》うために、いい部分を伸ばす努力をしましょう。

コンプレックスがあっても、それをポジティブに乗り越える努力をするとき、人は美しく輝きます。

二人の関係も、よりすばらしいものへと育っていくのです。

「今の幸せが壊れるのが怖い」その不安を打ち消す、最高の方法とは？

恋愛において、大切なのはプロセスです。結果ではありません。

いつもこのことを頭に置いておいてください。そうすれば、「別れることになったらどうしよう」という不安はなくなるでしょう。

別れが不安でたまらない、ということは、今がとても幸せだということです。その幸せに存分に浸《ひた》ればいいのです。

せっかくの幸せを「いつかは別れるかもしれない」と不安に思って壊すなんて、もったいないこと。

それより、いかに相手を愛するか。相手の気持ちを察して、サポートし、サービスをし、彼にとって太陽のような存在になるか。それに全力を尽《つ》くすべきです。

それでも別れが不安で仕方がないとしたら、棚ボタのようにして、今の幸せを手に入れたからではないでしょうか。

あまり努力をせずに、たまたま「好きだ」と言ってくれた彼が優しくて、自分も好きになってしまった。そういう場合、「幸せになる理由がない」と感じてしまうために、不安が強くなりやすいのです。

たとえ降ってわいたような幸せでも、それを継続させるには、あなたの努力が必要です。棚ボタではなく、今度こそ努力によって、幸せを持続させましょう。愛し続ける努力をしていれば、不安を感じる暇《ひま》はないはずです。

そうしているにもかかわらず、別れが来たなら、それは仕方がありません。

その別れから、何を学べるかを考えればいいだけです。

人と人がなぜ出会い、かかわり、ときに恋に落ちるかというと、すべてはたましいを成長させるためです。そのために、さまざまな障害が起こります。そこから学ぶことで、たましいが輝くのです。

人生はクイズの連続だと考えてください。悩む必要はありません。目の前の問題をクリアしていけばいいだけ。

たとえ別れが来ても、その別れから何かを学び、たましいが成長できれば、それはすばらしいことなのです。

私の仕事を理解してくれない彼。その心の底にある気持ちに気づいていますか?

恋愛と人生の目標は、両立するか、しないか。

この問いは、その恋が本物かどうかを見極《みきわ》めるリトマス紙です。

両立するなら、本物の恋。しないとすれば、「恋愛もどき」です。

たとえばプロボクサーが「試合で勝つ」という目標のために恋人を捨てる、というとき、それはその恋が練習の「邪魔《じゃま》になる」からでしょう。

邪魔になる恋は、本物の恋ではありません。お互いに愛を与えあうのではなく、むさぼりあっているだけの「恋もどき」なのです。

むさぼりあう愛だと、相手のことは眼中にありません。ただ自分が愛されたいだけ。相手の事情にかまわず、相手から愛を奪《うば》おうとしますから、当然、邪魔にもなるのです。

反対に、与えあう愛なら、相手への思いやりが基盤にあります。相手が今、大きな目標に向かっているなら、その邪魔にならないようにする気遣《きづか》いができるのです。

そういう愛を与えられると、かえって励《はげ》みになります。ボクサーでも「恋人のために試合で勝ちたい」と思えるようになるのです。そうなると、恋人の存在は邪魔どころか、力強いサポーターになるでしょう。

恋人がいるからこそ、がんばれる。それが本当の恋だと思います。

ですから、「恋をしていると、ほかの目的が達成できない」ということはありません。問題は、その恋の質なのです。

「私は今、昇進試験の勉強をしていて、会う時間があまりとれないけどわかってくれる?」ときちんと説明して、それでも「いやだ」と相手が言うなら、それは恋もどき。別れたほうがいいでしょう。

「いいよ。待つから、がんばれ」と言ってくれたなら、かけがえのない本物の恋人です。それは、逆の立場でも同じこと。彼が何かの目的に向かっているなら、それを力強く励ます応援団長になってください。

「私は彼の一番のサポーター」。胸を張ってそう言える恋をしてください。

ただ、彼があなたの仕事に反対する場合、その理由をきちんと聞くことも大切です。

あなたが使命感を持って仕事をしているなら、応援してくれるのが本当の愛です。けれど、反対するからには、それなりの理由もあるはずです。

たとえば、救命救急センターに勤めているお医者さん、看護婦さんなどは、デートの時間もままならないでしょう。

恋人が体を壊すのではないかと心配で、「そんな仕事、やめたら？」と言う場合もあるかもしれません。

あるいは、ただ寂しくて「もっと会いたい」ということもあるでしょう。仕事を理解してもらえないとき、こちらも寂しいけれど、理解できない相手も寂しさを抱《かか》えているのです。そのことをわかってあげてください。

そして、こちらの仕事の状態を正確に伝えることが大切です。

なぜ時間が取れないのか。なぜこの仕事を選んだのか。仕事にどんな喜びがあるのか。

それを彼に話してみましょう。

その話の中で、「会える時間は少なくても、あなたのことをとても好きだ」ということを、わかってもらおうとする努力が必要です。

また、本当に体を壊す可能性がある場合は、彼の言葉に素直になって、働き方を振り返ることも必要でしょう。

何より必要なのは、互いのコミュニケーションです。

ぶつかりあうのではなく、気持ちを伝えあうこと。

難しいことですが、これができれば、乗り越えられない壁はありません。

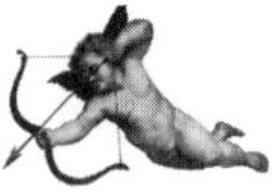

「メル友」と「恋人」はどう違う？
仮想恋愛ではない本物の恋をするために知っておきたいこと。

メールのやりとりをしていると、ふと不思議な感覚にとらわれます。たとえ相手がふつうの友だちでも、何か特別な絆《きずな》があるような気になってくるのです。

夜に手紙を書くと、つい思いを込めすぎて、翌朝読むと、なんだか気恥ずかしくなることがありますね。それと同じことが、メールの場合、つねに起こりうるのです。

それは実際の相手ではなく、架空の相手をつくりあげて、自分勝手に盛りあがってしまうからだと思います。そうなりやすいという特徴を、メールは持っているのです。

ですから、メールのやりとりだけで満足しているという場合、それは仮想恋愛かもしれない、という疑いを持ってみることが必要です。

メールでどんなに気持ちが盛りあがっても、実際に会っていないなら、その気持ちは割り引いて考えてください。

ほんとうの恋愛なら、実際に会いたくなるはず。

「メールだけなんていやだ。会いたい」という気持ちになるはずなのです。

なのに、会いたいという気持ちが起きない。ただメールのやりとりをしているだけで楽しい。となると、本当の相手に恋をしているのではない可能性が高いと思います。

そのことに自分で気づいているならいいでしょう。ただのメル友として、つきあっていけばいいのです。

けれど、自分が仮想恋愛をしていることに気づかずに、本当の恋人のようにラブメールを書き綴《つづ》り、相手に期待を持たせると、最後には相手を傷つけることになります。仮想恋愛は、いつか必ず終わりが来るからです。

仮想恋愛ではない、本当の恋をしてください。

恋はやはり、相手の目を見て、声を聞いて、雰囲気を肌で感じて、キュンと胸がときめくところから始まるもの。それは、どんなにインターネットが全盛を極めようとも、変わることはないのです。

彼と趣味が合わないとき、二人の絆を強めるこんな方法。

彼はバイクが好きだけど、私はうるさいのは苦手《にがて》。そういう趣味の違いは、多かれ少なかれ、どのカップルにもあります。

けれど、できるだけ二人で同じことをする、同じ時間と空間を共有する、ということは、恋を育むためにはとても大切なことです。その中で、二人のオーラが融合し、より深くわかりあうことができるようになるからです。

よく「似たもの夫婦」と言いますが、最初から似ている二人が夫婦になるのではなく、同じものを食べて、同じようなことを考えているうちに、似てくるのです。

彼といい関係を築きたいなら、何かひとつでも合う趣味を見つけるようにしてください。たとえば、「おいしいものを食べるのが好き」でもいいのです。いいお店を探して、二人でおいしいものを食べる。それだけで、時間と空間と楽しみを共有できます。そこから二人の関係も深まっていくのです。

何もすべて同じことをする必要はありません。相手と自分は違う人間。趣味も違って当たり前。それを尊重しあうことも大切です。

たとえば、私はオペラを歌うのが趣味ですが、妻も同じように歌ってほしいとは思いません。そんなことを強要しても、妻は苦痛なだけでしょう。

それでも、妻は時々、私と一緒にオペラのCDを聴いたり、私の歌の発表会では率先して手伝ってくれたりします。そういう中で、やはり絆が強くなったと思います。

すべては合わせられなくても、できる範囲で寄り添うことは必ずできます。

たとえば彼がバイク好きなら、いつもではなくても時々は後ろに乗せてもらってツーリングに行きましょう。

「バイク」を楽しむのではなく、「彼との時間」を楽しめばいいのです。

あるいは、彼が本を読むのが好きで、あなたが音楽を聴くのが好きなら、同じ部屋でそれぞれ別のことをしていてもかまいません。

相手の息づかいを感じながら、同じ空間にいれば、それだけでも絆は深まります。

お互いに寄り添いあって、楽しもうという気持ち。それさえあれば大丈夫です。

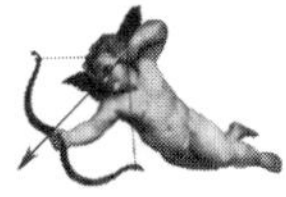

「マンネリ」で悩むのは、恋の初心者。恋の本番は、「マンネリ」になった後から始まります。

つきあいが少し長くなって、お互いに新鮮さがなくなってきたとき、いわゆるマンネリ状態に陥《おちい》ったとき。じつは、ここからが本当に楽しくなるときなのです。

「つきあいが長いから、もう会っても楽しくないのよね」と言う人は、ただの恋愛ゲームをしていただけです。

出会って、恋に落ちて、つきあうようになって、ある程度、相手のことはわかった。そこまでは、ただのゲームです。そこからが、恋の本番なのです。

つきあい始めたころは、まだ知らない者どうしだからワクワクして会えるし、会っていても刺激的で楽しいでしょう。けれど、じつはそこまでのプロセスなら、友だちどうしでも同じことです。

恋愛の醍醐味はその先、より深く相手の内面に踏み込むことにあります。

たとえば仕事の夢だけでなく、悩みを知る。

家族との楽しい思い出だけではなく、軋轢《あつれき》を知る。

その中で、彼という人間の輪郭《りんかく》がもっとくっきりと見えてきます。そして、以前より強い心のつながりが生まれます。

それが、友人とは決定的に違う「絆」を深めることになるのです。

このプロセスを楽しめない人は、本当に恋愛を楽しんでいるとは言えません。

たとえば、観光地に行っても、一般コースだけで満足しているようなもの。どうせなら、ほかの人が見ていないところも余さず見てみましょう。期間限定で公開される奥の院にまで踏み込んで、よりディープな体験をするのが、旅の達人です。

「マンネリで楽しくない」などと言う前に、彼の未知なる部分を探検するつもりで、彼と向きあってみてください。

恋のすばらしさを味わえるのは、それからです。

彼の信じる「宗教」が、どうしてもイヤなとき。そのサインには、素直に耳を傾けてください。

日本人は宗教を聞かれても「無宗教」と答える人が多いのですが、中には、特定の宗教を熱心に信じている人もいます。

もし好きになった彼が、自分とは無縁だった宗教を信じている場合、とまどうこともあるでしょう。それが恋愛にどう影響してくるのか、心配になるかもしれません。

こういうときは、彼と結婚を考えているか否《いな》かで、道は分かれると思います。

もし、結婚を考えている、あるいはすでに決めている場合は、あなたも彼の宗教に入信するほうがいいでしょう。宗教団体の中には、そこのＯＫがないと結婚ができないということさえあるようですから、それは心しておいたほうがいいと思います。

家族ぐるみで信仰している場合は、その家の「家風」だと思えばいいのです。郷《ごう》に入れば郷に従いましょう。

とはいえ、自分にその気がないなら、心から信じる必要はありません。儀礼のひとつとして、つきあえばいいだけです。それで結婚生活がうまくいくのですから、そこは大人になりましょう。

一方、結婚までする気はまだない、という段階で、彼の宗教が気になって仕方がないなら、別れを考えたほうがいいでしょう。

恋愛が成立するには、お互いの「器」が合っていることが必要ですが、器には「育ってきた環境」も含まれています。宗教的な考え方の中で育ってきた人と、そうではない人とのギャップはかなり大きいので、どうがんばっても、埋められない場合が多いのです。

迷うときは、自分の心によく問いかけてみてください。

彼の信じている宗教に本当に自分はついていけるのかどうか。

「彼にはそういう側面もあるのね」と受け入れられるなら、別れる必要はないでしょう。迷惑をかけたり、かけられたりするのでなければ、「彼の趣味のひとつ」と考えて、受け流していればいいのです。

ただし、彼から入信を迫られて困るようであれば、きっぱり別れましょう。相手のいやなものを強要するという行動には、愛がないからです。

彼に愛されたいからといって、好きでもない宗教に入るのもやめましょう。それは相手に媚《こ》びているだけ。媚びは決していい結果に結びつきません。

いずれにしても自分の気持ちと状況をはっきり見極め、自分で決めることが大切です。

恋愛観、結婚観のギャップに気づいたとき、二人が幸せになるための「別れ」もあります。

「私は、恋愛するなら一途《いちず》にその人だけを愛したい。でも彼は、何人もの人と軽い恋愛をゲームのように楽しみたいみたい」

たとえばそんな恋愛観の違いを感じると、このままつきあっていていいのかと、不安になるでしょう。こういった価値観の違いは、最初は小さくても、先々大きくなっていくケースが多いのです。

恋が始まったわけですから、最初は彼と波長が合ったのです。けれど、価値観が違っていると、たましいが融合するところまではいきません。

そういう場合は、「間違った魚を釣っちゃった」と思って、潔《いさぎよ》くリリースすることも必要です。

違う価値観を持っていると、何かにつけてケンカになります。それも、お互いがわかりあうためのケンカではなく、殺伐《さつばつ》とした平行線のケンカになってしまうのです。そんな戦いを続けていては、幸せにはなれません。

もし、今の二人がそういう状態ならば、はやく気持ちを切り替えて、「お互いの幸せのためにも、少し距離をおいたほうがいいみたいね」と言ってもいいでしょう。

「価値観が違うのはわかっているけれど、離れられない」というのは、ただ寂しいから。あるいは、彼を失うと後がないと思っているからかもしれません。

そうではなく、本当に彼が好きで、価値観の少しの違いぐらいなら自分が譲れる、と思うなら、そう割りきってつきあっていけばいいのです。

いずれにしても、恋は結果ではなくプロセス。

別れるにしろ、続けるにしろ、そのプロセスの中で何を学べたか、どんなふうにたましいが磨《みが》かれたかが大切なのです。

結果だけにこだわらず、プロセスの中で変化する自分の心を見つめてください。

恋と「お金」は無関係ではありません。二人の将来を決める「お金の話」が彼とできますか？

「彼の家と私の家では、年収も家の大きさも違う。それが気になるんです」と言う若い人が、最近増えてきました。これには少し驚きます。

恋には「器」が合うことが大切と書きましたが、相手の家の経済力は、その人自身の「器」とは違います。「彼の家」といっても、それは彼の「両親の家」のこと。自分で稼《かせ》いで、つくりだしたものではないはずです。

親の経済力に依存していると、結婚した後、親の問題で別れることになりかねません。たとえばどちらかの親に経済力がなくなった場合、二人の関係まで変わるでしょう。

親の経済力をあてにするのは、どんな場合でも、いい結果を招きません。「自立心」を、根底から損《そこ》なうことが多いからです。

つねに、自分で稼いだもの、自分の力で勝負する気概を持ってください。

彼の家の経済状況など、恋とはまったく無関係なのです。

ただ、彼自身の浪費《ろうひ》癖やケチなところが気になる場合は、よく考えたほうがいいと思います。とくに結婚まで考えている場合、お金のことについては、二人でよく話しあう必要があります。結婚資金として、どれぐらい必要なのか、そのためには相手にどうしてほしいのかということを、きちんと話しあいましょう。

そのうえで、どこまでお互いに協力できるかを見極めてください。

一般的に、女性が少しずつ使うのに対して、男性は自分の好きなものに、大金を投じても平気です。どうしても彼の浪費癖にはついていけないと思ったら、結婚しても苦労をするだけなのでUターンすることを考えたほうがいいでしょう。

ただし、「彼がケチでいやだ」という場合は、じつは「ケチではなく堅実なだけ」というケースも多いので、よく観察してみてください。

とくに彼がひとり暮らしのサラリーマンで、あなたが実家に住んでいるOLだという場合、自由になるお金は断然あなたのほうが多いのです。デートのときも全部ワリカンだからといって、「愛されていないんじゃないか」と思うのは早計です。

使うお金の額で、愛をはかることはできません。

相手の経済状況をよく見て、そのうえで自分の金銭感覚とどの程度ギャップがあるのかを判断しましょう。それでも、どうしても不満が募るのなら、それは仕方がありません。

本人の金銭感覚は、「器」の要素のひとつ。合うにこしたことはないのです。

小さな生活習慣の違いを責めないで。それは愛をはかるバロメーターです。

たとえば、彼がタバコの吸殻《すいがら》を道端《みちばた》に捨てる。食事のとき、お皿をお箸《はし》で引きよせる。トイレを使った後、便座カバーを上げっぱなしにする。

そういう生活習慣に気づいたとき、彼への気持ちが冷《さ》めてしまうという女性がいます。

確かに、今まで「こんなことは当然だ」と思って暮らしてきたのに、正反対のことをされると、まず驚くでしょう。そして、幻滅する気持ちもわかります。

人によって、「許せない」と思うこと、こだわってしまうことはさまざまです。

けれど、なぜそこで「彼に教えてあげよう」という気持ちにならないのでしょうか。

あなたがよく知っているマナーを、彼は今まで誰にも教えてもらっていないのかもしれません。すぐに幻滅してキライになってしまうということは、愛がないということです。

愛があれば、優しく教えてあげることができるはずです。

生活習慣の違いをどこまで許せるか、ということも、愛をはかるバロメーターになるでしょう。「それはマナー違反なのよ」と教えてあげられるなら、本当に愛しているということ。そうでないなら、それだけの感情だったということです。

教えても直らなかったり、次々と気になることが出てきたりする場合は、こちら側がどこまで譲歩《じょうほ》できるかがポイントです。どうしても許せないなら仕方がありません。別れたほうがいいでしょう。

ただ、そのときに注意してほしいのは、自分の側にも落ち度がないかということです。たとえば、トイレを使ったときに、いつも便座を上げっぱなしにする彼がいて、彼女が次に入ったとき、気づかずにそのまま便器に座ってしまったとしましょう。「使ったらおろしてね」と彼に言うのはいいのですが、自分も座るときに気をつける必要はある、ということを忘れないでください。

人のせいにするばかりでは、お互い快適には過ごせません。

何もかも完璧な人はいません。わが身を振り返れば、あまり細かいことは言えなくなるのがふつうです。

こだわる気持ちはわかりますが、ささいなことに目くじらをたてると、せっかくの恋を損なうことになるので、気をつけましょう。

彼の愛情が感じられなくなったとき、三つの症状別に、効果抜群の対策があります。

「彼の愛が感じられない」という場合、次の三つのケースが考えられます。

まず、「もっともっと症候群」の人。彼からだいじにされて当たり前、サービスを受けて当たり前と思っている人です。つきあいが続くと、彼は最初のころのようには、だいじにしてくれなくなります。すると、「もっともっと、サービスしてほしい」と思い、それがないと、「愛が感じられない」と思ってしまうのです。

これは、自分がつねに「お客さん」でいたいということです。

二人の関係が、一方がサービスする側、一方がされる側では続きません。

彼が少しでも優しくしてくれたときに、愛を感じ取る力、自分から彼に愛を返す力、その両方が自分には足りない、ということを自覚したほうがいいでしょう。

お客さんとの恋は疲れます。パートナーにならなければ、恋は長続きしないのです。

次に、「彼の気持ちが今、ここにはない」ということが、インスピレーションで「わかる」ときがあります。この場合は、彼に聞いて原因を追及したほうがいいでしょう。もしかすると、ほかに好きな人ができたのかもしれません。

原因をはっきりさせたうえで、ではどうするか、ということを考えましょう。インスピレーションがキャッチしたことを、そのまま放置してはいけません。

万一、彼に好きな人ができた、というときは、自分の思いを「本当の愛」に変えることです。「彼が幸せなら、私はそれでいい」という気持ちになること。彼が新しい彼女とつきあって、幸せならいい。そう思えるのが、本当の愛です。

「そんなの絶対に許さない」と思ってしまうと、これは我欲《がよく》です。愛ではありません。たとえ相手を無理やり鎖《くさり》でつなぎとめても、心まではつなぎとめられません。ますます寂しくなるだけです。

相手が冷めたとわかったら、潔く手を放しましょう。そして、相手の幸せを心から願ってあげてください。苦しいけれど、そのとき、あなたのたましいは、輝きを増すのです。と同時に、自分のどこがいけなかったのか、何が彼を冷めさせたのかを、冷静に振り返ることも必要です。彼に直接聞いて教えてもらってもいいでしょう。彼が言葉を濁《にご》すようなら、二人を見ていた友人などの第三者に聞いてみてください。

自分では気づかなかったけれど、傲慢な態度をとっていたり、わがままだったり、押しつけがましかったりしたかもしれません。

自分の過《あやま》ちを認めるのは、つらいことです。彼を好きなら、なおさらでしょう。

けれど、今、そうやって自分を見つめなおしておくと、次に出会う人とは、もっともっとすばらしい恋をすることができるようになるのです。

三番目に、「愛が感じられない」のではなく「信じられない」という場合。

これは、最初のケースと同じように、相手に多くを望みすぎている場合と、心のトラウマが原因になって、愛を信じることが難しくなっている場合があります。

過去に、好きだった人から裏切られたり、幼いころ家族から受けた愛が少なかったりすると、どんなに愛されていても、「どうせいつかはこの人も私を裏切る」とか「私なんかを好きになるはずがない」というふうに考えてしまうのです。

この場合も、自分がどうして「信じられない」のか、その原因をはっきりさせることが第一です。彼に相談してもいいでしょう。そのときの彼の態度で、傷が癒されることもあるかもしれません。

ただし、恋愛による傷が原因の場合、彼に詳しいことは話さないのが鉄則です。よけいな嫉妬心《しっとしん》を招くことがあるからです。

いずれにしても、愛を信じられないのは、裏切られたときに傷つくのが怖いからです。その恐怖心を乗り越えるのは、自分の勇気しかありません。

愛されていることへの疑いが出てきたとき、グッとこらえて、「それでも信じる」と心に決めること。そういう努力も、本当の愛を築くためには必要なのです。

彼が二人の記念日を覚えていない！
それは、愛の深さと無関係です。

一時間おきにメールをするような、「まめ男」「まめ子」がいるかと思えば、「面倒《めんどう》くさい」と思って、あまり連絡をしてこない人もいます。これは、個性であり、人それぞれなのです。

誕生日や、二人の記念日などを覚えているかどうかも、同じです。人によって、どうしても覚えられないという場合はあります。

それが気になってしまうのは、連絡をまめにくれることや記念日を覚えていることが、イコール愛情の深さだと思うからでしょう。

けれど、このことと愛の深さは、まったく別問題です。連絡や記念日に、重きを置いているかどうかだけの違いです。

ただし、連絡をくれないし、会うのは月に一度ぐらい、もちろん誕生日も記念日も覚えていない、というようなら、これは「つきあっている」とは言えません。こちらの一方的な思い込みか、あるいは、相手が二股《また》、三股かけている可能性もありますから、きちんと確かめたほうがいいでしょう。

そうでないなら、「連絡をくれないから」「覚えてくれてないから」と言って責めないことです。

責めると、相手は束縛《そくばく》を感じます。不自由を感じて苦しくなります。

「彼はそういうタイプだ」と思って、責めるのではなく、実際に会う時間を大切にして、楽しく過ごしてください。

もちろん誕生日に何もないと寂しいので、さりげなく伝えておくといいのです。思い出しさえすれば、何かプレゼントを用意してくれるはずです。

伝えたのに、何もしてくれない。「おめでとう」とも言ってくれない。そのときは、「もしかしたら、この人は私を愛してないかもしれない」と考えてもいいでしょう。

そうでない限り、あまり束縛しあわないこと。それが恋を長続きさせるコツなのです。

愛は「サービス」。
センスのいいプレゼントをするための、すてきなヒント。

プレゼントは、大切な愛情表現のひとつです。前項でも書いたように、知っているのに誕生日のプレゼントをくれないなら、それは危険信号だと考えていいでしょう。

ただし、愛情表現に慣れていない人というのは、男女ともにいます。

そういう人こそ、プレゼントをすることで、愛の表現に慣れてほしいと思います。

愛に照れたり、喜んでもらえないんじゃないかと恐れたりして、プレゼントをためらう人がいますが、それはもったいないこと。

たとえささいなものでも人に何かを贈るのは、とてもすてきな愛の表明です。

プレゼントをするとき、何より大切なのは、相手への思いやりです。今、相手がどんな状態で、何を望んでいるか。それをしっかり見極めて、品物を選びましょう。

誕生日や記念日以外でも、ごくさりげなく贈ればいいのです。

たとえば、彼が忙しくて、きちんとした食事をとっていないことがわかっているとき、レンジでできるパック入りご飯をいくつかプレゼントするのはどうでしょう。

「仕事が忙しくても、きちんと食べてね」というメッセージをつければ、いっそうあなたの気持ちが伝わります。あまり健康的とはいえないカップ麺《めん》ではなく、「ご飯」というところがミソなのです。その週に彼の誕生日があるとすれば、お赤飯をひとつ混ぜておいてもいいでしょう。

あるいは、「胃が痛い」という彼の言葉をキャッチしたら、さりげなく胃薬を贈ってあげましょう。「ないと不便」というものなら、どんなささいな日常品でも、もらった側は「ああ、気を遣ってくれているな」と思って、うれしくなるはずです。

そして誕生日や記念日には、長く愛用してもらえそうなもの、たとえば質のいいマフラーや手袋、彼の部屋のインテリアに合うクッション、写真立てなどを選ぶといいでしょう。値段が高ければいいというものではありません。相手が喜んで使ってくれそうなもの、いつもそばに置いてくれそうな、センスのいいものを選びましょう。

どんなに愛しているつもりでも、その愛を具体的に表現しなければ、意味がありません。愛していれば、「喜ばせてあげたい」という気持ち、つまりサービス精神が出てくるはずです。その気持ちに素直になれば、心のこもったすてきなプレゼントが、きっと見つかるでしょう。

愛はサービス。これを覚えておいてください。

彼をカウンセラーにしていませんか？
彼に重い話をするときに必要なマナー。

何か悩みを抱えているとき、彼に話を聞いてもらいたいと思うのは、ごく自然なことです。ところが、「そんな重い話、聞きたくないよ」と彼に背中を向けられてしまう。そういう悩みを相談に来られた女性もいました。

ご夫婦でみえたので、霊視《れいし》してみると、夫の側がとても寂しがり屋で、しんみりした話が苦手なタイプだとわかりました。幼いころから大家族でにぎやかに育ったので、妻が暗い顔をしているのが、たまらないのです。

二人がつきあうときは、お互いに相手の性質を理解しあうことが必要です。

「私は真剣に話を聞いてほしい」

「俺は暗い雰囲気が苦手」

そんな二人では、平行線です。

こういう場合、見極めないといけないのは、彼が本当にまじめな話、真剣な話をしたいときにも、聞いてくれないのか。それとも、いつもこちらが暗い顔で悩んでいるので、

「そんな話は聞きたくない」ということなのか、その点です。

本当に真剣な話、自分の生き方にかかわるような話も、まじめに聞いてくれないようなら、それは彼のほうが悪いと思います。相手の状況や、話の内容をキャッチする頭の良さがないのです。

一方、こちらがいつも暗く悩んでいて、毎回、相談を持ちかけているなら、それは改めましょう。彼はカウンセラーではないのです。

彼に話を聞いてほしい、という気持ち自体は、彼への愛のあらわれです。

彼もそれはわかっているはず。ですから、なんとかして応《こた》えてあげたいと思っているのです。

それなのに、背中を向けさせるような伝え方をしていないかどうか、毎回、自分の話ばかり聞いてもらおうとしていないかどうか、その点を振り返ってみましょう。

お互いの悩みを聞きあい、アドバイスをしあえる、そんなすてきなカップルになってください。

「一度の過ち」をどう乗り越える？
「許し」という奇跡を起こすために、必要なこと。

つきあっている人がいるのに、ほかの誰かと「何か」があった。そしてその「過《あやま》ち」を恋人に知られてしまった。

そのとき、彼もあなたも本当に苦しいでしょう。

「ほんの出来心で」とか「酔ったはずみで」という言い訳は、ほとんど通用しません。ほかの誰かと愛の行為をしたということは、相手にとっては手ひどい裏切りです。

ですから、そんなことは、本当は知らせるべきではないのです。

恋人どうしでも、言っていいことと悪いことがあります。自分の「過ち」は決して言ってはいけません。それは相手を苦しめるだけだからです。

秘密を抱えることで、自分は苦しいかもしれません。でもそれは我慢しましょう。

嘘《うそ》も方便。嘘をつくことが、相手への愛情になることもあるのです。

嘘をついた分、できる限り彼に優しくして愛を深めていく、という決意をしてください。

それでも、何かのはずみで伝わってしまったという場合、これは難しいですね。

相談者にも多いのですが、とくに男性はこだわります。彼女を取られた悔《くや》しさがあるからです。男性の嫉妬心も女性と同じぐらい強いので、相手の男を本気で憎みます。

こういうときは、お互いが「この過ちを乗り越えよう」と心底思えないかぎり、別れたほうがいいでしょう。

この種類の傷口を縫いあわせるには、時間も努力もいるからです。

けれど、もし幸いにもお互いに「乗り越えよう」という合意ができたなら、「もうこのことは口にしない」と約束してください。何かの拍子《ひょうし》に思い出すことがあっても、それは無視すること。ひたすら忘れる努力をしましょう。その過ちをお互いの心の中で「成仏《じょうぶつ》」させるのです。

決して焦らないでください。失った信頼を回復するには、時間がかかります。一朝一夕《いっちょういっせき》でもとの二人に戻ることはできません。

けれど、そのことがあったために、二人が今まで以上にお互いの絆を強めようと努力する場合もあります。一度の過ちが、二人の愛に火をつける、という可能性もあるのです。

一度の過ち。それは、二人の関係において、とても大きな分岐点です。

別れるか、それともより強く結ばれるか。

慎重《しんちょう》に、心をこめて、時間をかけて、選んでください。

「彼に言えない秘密がある」「彼が秘密を持っている」厳しい「宿命」が愛を阻むとき、あなたを強くするこんな考え方。

前項で書いたように、たとえ愛しあっている二人でも、言わないほうがいいこともあります。秘密は悪とは限りません。

けれど、秘密が「過ち」ではなく、「宿命」の場合、話は違ってきます。

宿命とは、持って生まれた国籍、性別、家族、容姿などです。それがこの世で差別を受けるものである場合があります。差別はもちろん許してはいけないことですが、厳然として存在します。差別される側の苦しみは想像に余りあるでしょう。

けれど、人はあえてその宿命を選んで生まれてきます。差別と戦う中で何かを学びなさい、たましいを磨きなさい、という課題を与えられているということです。それをまずしっかりと心に留めておいてください。

好きな人ができて、つきあうことになったとき、自分のその宿命を相手に伝えるかどうか。そのことで悩むのもまた、たましいの学びのひとつです。

その宿命を相手に伝えたとき、相手の反応で愛の深さや人格を知ることができます。そういう高度なバロメーターを神様からいただいたのだと考えましょう。

ただし、まだつきあい始めたばかりで、お互いに相手のことを深く知らない状態のとき、いきなり「じつは私にはこういう事情（宿命）があって」と切り出す必要はないと私は思います。そうすると、相手は驚いて、引いてしまうでしょう。

せっかく愛の芽が育ち始めたところに、強風を吹きつけるようなもの。その雰囲気だけで怖くなってしまうのです。

ですから、ある程度、つきあいが続いて、お互いのことが理解できたとき、相手のことを「もっと深く知りたい」という思いが募ったときに言うほうがいいと思います。

愛が強く育っていれば、多少の風にはびくともしないからです。

愛があっても知識がないと、周囲の大人から植えつけられた差別意識が働いてしまうかもしれません。案外、差別の根っこは隠《かく》れているので、若い人は知らないことも多いようです。「どうしても乗り越えられない」「家族に迷惑がかかる」などと、間違った考えに導かれてしまうこともあるでしょう。

スピリチュアリズムでは、この世に乗り越えられない壁はないと考えます。

強い絆があり、正しい知識を身につければ、差別を乗り越えることは必ずできるのです。

それでも、相手が「今すぐには乗り越えられない」「私にそんな強さはない」と言う人なら、それはそれだけの人だったということ。それだけの愛しかなかったということです。

「そんな宿命は、私たちには何の関係もない。話してくれてありがとう」と言える、強くてすてきな人は必ずいます。そんな人と必ずめぐりあえるのです。

今はそのための試練のとき。苦しんだ分、人の苦しみにも敏感になれます。理不尽《りふじん》な世の中と戦う強さ、耐える強さも身につきます。たましいが磨かれているのです。そんな人のもとに、すばらしい出会いがないはずがありません。

逆に、彼から宿命を打ち明けられたというとき、それはあなたの愛が試されるときです。驚きはあるかもしれませんが、まず彼の宿命について、本を読んだり、いろいろな人に話を聞いたりして知識を深めましょう。

そのうえで、彼への愛の深さを自分の心に問いかけてみてください。

運命は、自分の手で切り開くもの。

今まで育ててきた愛を、これからどうするのか。すべてはあなたしだいです。

「長すぎた春」にピリオドを打つには？
あなたを幸せにする結婚相手の見分け方。

「結婚しよう」という意思をお互いに確認して、婚約したものの、結婚しないまま時間がたってしまう。こういう「長すぎた春」は、いい結果にならないことが多いものです。

いつまでも結婚に踏みきれないとすると、裏にあまり好ましくない事情があると考えたほうがいいでしょう。

「仕事が忙しくて、区切りがつかない」などというのは、表面的な言いわけです。

じつは、どちらかが別の人を好きになっていて、天秤《てんびん》にかけていたり、あるいは結婚への意欲を失っていたり、相手に飽きていたりする可能性があります。

「長すぎた春」になっている、その本当の原因をしっかり見極めることが大切です。

あなたの側に「この人と結婚してもいいかどうか」という迷いが出て、踏みきれないというときは、もう一度、第一章で書いた結婚と恋愛の違いを思い出してください。

恋愛は感性の勉強、結婚は忍耐の勉強です。

この違いはとても大きいのです。恋愛は、泣いたり笑ったりときめいたり、五感をフル活動させて「感動する」ことがメインです。けれど、結婚にそれを求めてはいけません。結婚は、いかに相手との絆を深め、建設的な人生をともに歩んでいくかがメインなのです。

恋愛をたくさん経験して、感性を磨いて、その後で結婚するとうまくいきます。

恋愛の延長で結婚してしまうと、離婚に至るケースもあります。恋愛と結婚が違うということがわかっていないと、期待はずれの思いが相手への失望に変わってしまうのです。

恋愛の延長に結婚があってもいいのですが、その場合は、気持ちの切りかえをはっきりさせましょう。今までは感性の勉強。これからは、お互いの欠点や日常のいさかいを我慢し、家庭生活を継続させ、その中で愛の絆を深めていく勉強なのです。

ですから、結婚相手を選ぶときは、「決め手に欠ける」と思うぐらいでちょうどいいのです。「そんなの寂しい」と思うかもしれませんが、少し待ってください。

ワクワクしたり、ときめいたりはしなくても、彼が「お父さん」になって、子どもと一緒に運動会でかけっこをしている姿をイメージできますか？　多少、ハゲていたり、お腹《なか》が出ていたりするかもしれません。それでも、ほのぼのとしたあたたかい感じが伝わってきますか？　それがあるなら、結婚相手としては最高です。

「いいお父さんになってくれそう」「あたたかい家庭をつくれそう」。そう思う人と結婚しましょう。見た目は関係ありません。くり返しますが、結婚は恋愛とは違うのです。

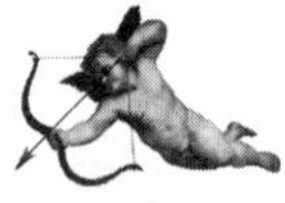

あなたの「独身主義」は本物ですか？
結婚と離婚は何度してもかまわない、その理由とは。

「私は一生、結婚しない」と言っている人には二通りあります。

ひとつは、前向きな独身主義。もうひとつは、トラウマから結婚に不安を抱いている場合です。

前向きな独身主義とは、たとえばマザー・テレサのように、全世界の人を愛するために、ひとりの人と結婚することはしない道を選ぶ人です。

マザー・テレサほどではなくても、独身でいることで、いい仕事ができる、より多く人の役に立つことができるという場合、その独身主義はすばらしいことです。結婚という課題で学ぶこと以外の課題を持って、生まれてきた人なのでしょう。

けれど残念なことに、現実には、そういう独身主義の人は少ないようです。多くの独身主義者は、トラウマによって、結婚を恐れている場合が多いのです。

たとえば、自分の両親が不仲だったために、結婚するのがバカバカしくなっていたり、過去に男性から受けたひどい仕打ちのせいで、男性不信になっていたりするようです。

こういう独身主義の場合は、そのトラウマを乗り越えることが、その人の課題であることが多いものです。

勇気をもって「結婚」に取り組んでみてください。一度結婚しても、別れればまた独身主義に戻れるのです。たとえ離婚することになったとしても、そこでひとつ、自分の殻《から》を破り、新しい経験ができたのですから、それは貴重なこと。

失敗から学べるなら、何度、離婚と結婚をくり返してもかまいません。

離婚したことで、肩身の狭い思いをするような時代ではないのです。恋愛でも結婚でも、数多くしたほうが、経験を肥《こ》やしに、より大きな人間になれる。それぐらいに考えていていいと思います。

結婚を前にして、「うまくいくかどうか自信がない」と言う人も多いのですが、結婚は綱渡りでも、「丁か半か」という賭けでもないのです。

失敗したらやり直せばいいだけのこと。

子どものことには責任を持つ必要がありますが、「本当に大丈夫」と思える時期まで、子どもをつくるのだけはやめる、という選択もできるのです。

「試しに結婚してみたら、案外幸せだった」というケースはよくあります。

自分を幸せにすることに、前向きになりましょう。

その試行錯誤が、たましいを磨くことになるのです。

Chapter 7

二人の愛を守りぬく スピリチュアル・テクニック

もし恋愛がいつも楽しいだけであれば、長く続く絆《きずな》を育《はぐく》めるでしょうか？

信頼や愛は、苦と楽をともにする中で、育まれるものです。そのためには、ときに試練も必要です。いつもラブラブでいることが、イコール「いい恋愛」ではありません。

人生のすべては学びです。私たちは、恋愛を通して、人をどれだけ愛せるかを学んでいるのです。その学びを深めるために、ガーディアン・スピリット（守護霊）は、私たちに試練を与えます。現時点でのたましいの成長に合わせて、ほんの少し「負」が与えられるのです。

これは、あなたの成長のためのエクササイズ。決して「意地悪」ではありません。あなたに乗り越えられる分だけの試練を与えて、後は優しく見守ってくれているのです。

試練を乗り越えるためのポイントは二つ。本当に相手を愛しているか、それとも自分を愛しているのかを、いつも心に問いかけてください。自分への愛ではなく、相手への愛を貫《つらぬ》くことです。二つ目は、後で悔《く》やまない選択をするということ。

試練を乗り越えようと努力するとき、その経験はすばらしい学びと成長、そして感動をあなたに与えてくれるはずです。

距離を「障害」ではなく「味方」にする。それが遠距離恋愛を実らせる秘訣です。

恋をするとき、二人の間の物理的な距離は、障害となるでしょうか？

答えはノーです。

確かに、寂しいときはあるでしょう。街を歩くカップルを見ると羨《うらや》ましくなるし、「私以外に誰かいるのでは？」と疑心暗鬼《ぎしんあんき》にもなりやすいと思います。

けれど、逆に離れているからこそ、相手の本当の気持ち、自分の本当の姿が見えてくるのです。

会えなくて寂しいし、身近にほかの異性はいるから、その人とつきあってもいい。にもかかわらず、彼（彼女）とつきあいたいのはなぜか。それは二人の間に強い絆があるからです。お互いの存在が、かけがえのない癒《いや》しになっているからです。

もちろん、不安になって、心が揺れることはあるでしょう。相手を気遣《きづか》えないときもあるかもしれません。そのとき、そんな自分の弱さを乗り越えられるかどうか、お互いへの愛が本物かどうか、はっきりとわかるのです。

身近にいると、かえって見えないことが多いものです。安心しきっていると、相手の気持ちを見抜けません。それで別れがくる場合も、往々にしてあります。

距離は、二人の愛のバロメーター。そんなふうに、二人の間の距離をポジティブに考えましょう。

「遠距離恋愛だから」と身構えないこともポイントです。

「離れているから、まめに連絡をとらないと」と考えて、定期便のように電話をしたりすると、飽《あ》きがきます。

距離があることを意識しすぎず、彼が身近にいる場合の恋愛と同じスタンスでいるほうが、長続きするのです。

毎日連絡するなら、好きなときに読めるメールのほうがいいでしょう。

そして、実際に会える貴重な時間をいかに充実させるか、それを考えましょう。

とびきりの笑顔と楽しい会話で、お互いに励《はげ》ましあう安らぎのひとときを過ごせれば、身近にいて毎日会っている恋人どうしよりも、もっとすてきな、すばらしい愛を育めるはずです。

ネガティブに考えると、距離は大きな障害になって立ちはだかります。けれど、ポジティブにとらえれば、距離は二人の愛をますます燃え上がらせる媚薬《びやく》にもなるのです。

人には「肉体の年齢」と「たましいの年齢」があります。「肉体の年齢差」は、恋の障害になりません。

人間は、二つの年齢を持っています。肉体の年齢と、たましいの年齢です。

たましいの年齢とは、今までに何度、現世に再生してきたかという経験度数です。肉体の年齢が八十歳でも、初めてこの世に生まれたたましいを持つ人がいるかと思うと、肉体年齢はまだ二十歳でも、すでに五、六回、この世に生まれて経験を積んだたましいの持ち主もいます。二人を比べると、二十歳のほうが大人なのです。

恋愛をするときに必要なのは、たましいの年齢が近いということ。肉体の年齢は離れていても、たましいの年齢が近ければ、その恋はうまくいきます。そういうカップルは、デートをしていても、年齢差からくるギャップをまったく感じないはずです。

たましいの年齢さえ合っていれば、人の目は気にする必要はありません。相手が自分の親と同じぐらいの年でも、その逆でも、自分の思いを否定する必要はないのです。

ただ、肉体年齢が離れていることからくるリスクは負わなければいけません。周囲の無理解もあるでしょう。結婚したら、相手が早く先に死ぬ可能性も高いし、子どもをどうするかという問題もあります。

周囲に対しては、自分たちは「たましいの年齢」は近いのだということを話して理解してもらう努力が必要です。

また、人がいつ死ぬかは宿命です。若い人でも、明日どうなるかはわかりません。二人でいられる時間が短いと思うなら、その分、その時間を充実させましょう。恋は時間の長さではなく、二人の絆とプロセスこそが大切なのです。

子どもについても、結果的にできなかったのなら、それは受け入れるしかありません。子どもを持つこと以外の課題を抱《いだ》いて、この世に生まれてきたのだと考えてください。

そんなふうに、肉体年齢が大きく違うことから生じるリスクは、どれも乗り越えられないものではないのです。

ただし、何らかのトラウマから、あえて年齢差のある相手を選んでしまう場合もあるので、それは気をつけましょう。

たとえば、自分の経済力に劣等感を持っている人が、あえてリッチな年上男性を選ぶ場合があります。相手の経済力によって自分の暮らしを豊かにしたいと考えているのです。

これは、今は良くても、将来的にひずみが来ます。若い男性との二重恋愛になることも多いのです。また、年上の男性と恋をして、贅沢《ぜいたく》に慣れると、若い人が貧乏に見えて、恋ができなくなるという落とし穴もあります。感性だけが妙に老《ふ》けて、「ファミレスでデートなんてバカバカしい」と鼻で笑うようになりやすいのです。

恋に必要なのは、共有する時間と絆。場所やお金は関係ありません。リッチな年上男性とつきあうと、それがわからなくなる可能性が高いので、要注意です。

また、ファザコンから年上男性に惹《ひ》かれるケースもあります。父親のような愛情を得たいという気持ちが、年上男性に向かわせるのです。これは、うまくいく場合もあるので、一概に言えませんが、それでも恋人と父親は違います。そこはきちんと自分の中で確認しておかないと、これもいずれはひずみが出てくるでしょう。

たとえば、一方的に相手に依存するだけ、頼るだけになってしまって、大人の女性として自立できなくなったり、「本当の恋愛」を経験していないような気になって、焦《あせ》りが出てきたりしやすいのです。

その意味では、年下男性との恋のほうが問題は少ないでしょう。

ただ、こちらも大人の男性への恐怖心があって、年下を選んでいるなら要注意です。自分より弱い、面倒を見てあげられる対象として、母か姉のように振るまっているなら、女性としての劣等感が心の底にあるのかもしれません。

さまざまなケースがありますから、一度、自分の心をじっくりと分析してみることが必要です。

年齢差のある相手への愛が本物なのかどうか。トラウマからその恋に逃げているだけではないかどうか。よく見つめてください。

トラウマや劣等感がある場合は、基本的には、愛しているのは相手ではなく、自分です。自分の傷を相手になんとかしてもらいたいという思いがあるのです。

厳しいようですが、自分を愛している間は、恋愛はできません。恋愛をする土台に、まだ立てていない、スタートラインに立っていないということなのです。

ただし、これは白か黒かではありません。自分の心の何割が本当の愛で、何割が利己的な自分への愛なのか、それを見極《みきわ》めましょう。そして、やっかいな自分への愛の割合を、少しずつ減らしていけばいいのです。

人間は必ず変われます。本当の愛の割合を増やすことは必ずできるのです。

けれど、そのためには、まず自分の真の姿に気づかなければいけません。自分の心を深く内観《ないかん》し、分析することが大切なのです。

年齢差のある人と恋に落ちたとき、そのときが気づくチャンスです。

両親の反対にも耳を傾けましょう。その中に幸福へのキーワードが隠れています。

「あんなだらしない人とつきあうのは、やめなさい」「あんな人と結婚しても幸せになれないよ」などと、恋人とのつきあいを親や友人から反対されたら、ふつうは「そんなことない」と反発して、ますます恋の炎が燃え上がります。

でも、ここは一度、冷静になりましょう。反対するには反対する理由があるはずです。その理由をじっくりと分析してみることが必要なのです。

私たちにはみんなガーディアン・スピリット（守護霊）がついていて、恋に迷うときは必ず何らかのメッセージを送ってくれます。ふと目に留まった小説の一節や、何気なく聞いた人の言葉の中に込められているのです。

あえて苦言《くげん》を呈《てい》している人の言葉の中にも、大切なメッセージが込められています。それを軽んじたり、無視したりしてはいけません。

反対される理由に、説得力があるかどうか。本当に自分のことを考えての、思いやりの言葉なのか、それともただの意地悪なのか。それをしっかり見極めましょう。

恋人の性格や人格面が良くないからという理由で、つきあいを反対された場合、「彼にはそういう面もあるけれど、これからきっと変わってくれる」と思えるのなら、がんばって周囲を説得しましょう。

もしかすると、親や友人が正しくて、あなたにはまだ人を見る目がないかもしれません。けれど失敗を恐れる必要はないのです。それを経験として、学べばいいだけのこと。

反対に、冷静に相手を見てみたら、「言われるとおり、だらしない人だ。自分は幸せにはなれない」と気づいた。それなら、そこで引き返せばいいのです。

また、相手の仕事を理由に反対される場合、たとえば政治家や、梨園《りえん》の御曹司《おんぞうし》などが相手だと、親としては心配になるでしょう。妻や恋人となる人も、その仕事の大変さと無縁ではいられないからです。

そんなときは、自分は相手の背負っている荷物の重さに耐えられるかどうか、好きだという気持ちだけではなく、その覚悟があるかどうかを振り返ってみる必要があります。

一章でも書いたように、人には器《うつわ》があります。その器を超えるには、すさまじい努力がいるのです。その努力をする覚悟があるかどうか、よく考えてみましょう。

注意が必要なのは、反対されるとわかっていて、あえてそういう相手を選んでしまうというケースです。それは、親への反発心がそうさせている場合と、寂しさから自分にはふさわしくない相手にしがみついている場合があります。

親への反抗心から、あえて親のいやがるタイプとつきあっている人は、恋が成就《じょうじゅ》したあとで、相手への気持ちがサッと冷《さ》めるでしょう。純粋に相手が好きだったのではなくて、親へのあてつけとして、利用していただけだからです。

心の中に大きな寂しさを抱えているために、相手から離れられないという場合も、どこかでひずみが出てきます。等身大の相手が見えていないからです。「愛している」という甘い言葉にだまされて、貢《みつ》いでいるだけ、ということになりかねません。

冷静に自分自身を見直しましょう。反対してくれる人の言葉に素直に耳を傾けてくださ い。彼らの言葉を借りて、ガーディアン・スピリットが「本当にその彼でいいのですか?」「幸せになれますか?」と、ブレーキをかけてくれているのかもしれません。

そういうケースとは違い、反対される理由にまったく説得力がない、お門違《かど》いだという場合もあるでしょう。それは「周囲の反対という障害を、あなたたちは乗り越えられますか?」とガーディアン・スピリットから尋《たず》ねられているのだと考えてください。

意地悪で反対しているとしか思えない場合でも、その意地悪な視点の中に、今まで見落としていた何かがあることが多いのです。その言葉に耳を貸すことで、二人の関係の弱いところをメンテナンスできます。意地悪に感謝してもいいぐらいです。

そんなふうに、人の言葉はどれもポジティブにとらえましょう。その中には必ず、幸せに結びつくキーワードが隠《かく》されています。冷静に、謙虚《けんきょ》に耳を傾けてください。

その「不倫」に未来はありますか？
彼の言葉にだまされない二つのポイント。

いわゆる「不倫」には、二種類あります。

ひとつは、「いつかは結婚したい」という目的を持って、純粋に相手を愛している場合。彼が自分の結婚は間違いだったと気づいて、新しくあなたとやり直したいと考えているなら、それは「不倫」ではありません。いわば「軌道修正中の恋愛」です。

もうひとつは、遊びの恋。真剣に将来を考えることもなく、お互いの寂しさを慰《なぐさ》めあうだけの関係です。これは、世間で言うとおりの「不倫」です。こういう関係からは、何も生まれません。彼の妻である一人の女性を傷つけ、あなた自身をネガティブなパワーで損《そこ》なう行為ですから、やめるほうがいいのです。

ただし、これも「白か黒か」ではありません。彼への思いの何割が真剣で、何割が遊びか。自分で測ることが大切です。もちろん、それ以外の要素もあるでしょう。できるだけ正確に、自分の中にある愛の姿をとらえることが、どんな場合でも必要なのです。

ここでは、「好きになった人がたまたま既婚者だった」「将来、結婚しようと考えている」という本気の恋について、その処方箋《しょほうせん》を考えてみましょう。

この場合はまず、彼と綿密に将来の計画を立てることが必要です。時間がかかることもあるでしょう。そこで待てるかどうかも、自分の愛を試《ため》すバロメーターです。ただし、口先だけで「いつかは妻と別れて、きみと結婚する」と言ってだます男性もいるので、そこはきちんと見抜いてください。

見極めるポイントは、二つです。一つは、彼の言葉に行動が伴っているかどうか。二つ目は、彼の態度に思いやりと包容力があるかどうかです。

たとえば、クリスマスには家族と過ごさなくてはいけないから、あなたとはいられない。そんなときでも、「七時までなら、なんとかできるかもしれない」と一生懸命に考えてくれる。そして実際に七時までは一緒にいてくれる。これは、愛に行動が伴っていると言えます。

また、家に帰らなくてはいけない時間がきても、「つらい思いをさせてごめん。今、一生懸命、離婚に向けて準備をしているから、待っていてほしい」という言葉を、催促《さいそく》しなくても言ってくれるなら、待つあなたへの思いやり、気遣いがある態度と言えるでしょう。反対に、催促しないと言ってくれないのは、愛のない態度です。

あなたへの愛と同時に、自分の家族、とりわけ子どもに対する思いやりもあるかどうかも見てください。あなたにだけ優しくて、今の家族に冷たい彼は、信用できません。再婚したとしても、いつかあなたも同じ目にあうでしょう。

「こうであってほしい」という願望で目が曇っていると、真実の姿が見えません。願う気持ちはわかりますが、チェックするときは、その思いを切り離して冷静になるべきです。

そして何より、「自分を安売りはしない」「遊ばれたりしない」という毅然《きぜん》とした自尊心を持つこと。これも大切です。

そうすれば、必ず相手の愛が本物かどうか、わかるはずです。

もちろん、こちら側にも、行動と思いやりが必要です。彼の準備が整うまでは、自制してください。クリスマスやお正月はどうするか、日常のつきあい方はどうするかという二人のルールを決めるといいでしょう。

そして、「どうするつもりよ」と責めるのではなく、聞くべきことを冷静に聞きましょう。いつまで待てばいいのか。どういう計画を立てているのか。そのとき、「心配しなくていいよ」「こんなふうに考えているから」と言って、あなたを安心させるような態度をとってくれないなら、相手の人間性に問題があるということです。

今の彼の気持ちが、中途半端《はんぱ》なものであることがわかった場合、「なんとかして、彼を本気にさせよう」と思うかもしれません。けれど、はっきり言ってそれは無理です。

男性は、基本的に気の弱い生き物なので、現状維持《いじ》に傾くのです。仕事もあり、つきあいもあるので、１００％愛に生きるということができません。今、中途半端な気持ちなら、この先、より困難な道を選ぶことはまずないと考えていいでしょう。
もし彼に子どもがいることで、彼の気持ちが固まらないのであれば、「あなたの子どもも、私は受け入れる」という態度を示してください。「子どもvs.自分」の構図で、彼を取りあってはいけません。子どもには罪はないのです。できる限り、彼と子どもの時間は尊重してあげましょう。

それを彼も喜ぶはずです。そこに、あなたの愛を感じるからです。

相手にとって一番いいことをしてあげるのが、本当の愛です。自分のことだけを考えて、相手を縛《しば》ろうとするなら、それはただの我欲《がよく》です。

それでも彼が迷っていて、宙ぶらりんの状態が続いているなら、苦しくても自分のほうから別れてあげましょう。別れることで、中途半端な自分の姿に気づかせてあげましょう。けじめをつけることができない自分に気づけば、そこに学びがあります。そうやって彼の「教育係」になることも、愛のひとつの姿なのです。

彼の奴隷《どれい》になって、なんでも受け入れてあげるのは、愛ではありません。彼のためになるなら、別れもいとわない。それぐらい強く彼のたましいの輝きを望むこと。それが、愛です。

彼が「前の彼女」と別れられない！
そのとき彼の本心を見抜き、絆を強めるためにするべきこと。

「きみのほうが本命だから」と言いながら、もう一人別の彼女ともつきあっている。そんな男性は絶対にダメです。どう言い繕《つくろ》っても、二人をもてあそんでいるのです。優柔不《ゆうじゅうふ》断《だん》で弱い男性です。

一考《いっこう》の余地《よち》があるのは、「今はきみだけが好きだけど、前の彼女が別れてくれなくて困っている」という場合です。たとえば同棲《どうせい》までしていたとすると、すぐに別れるのは難《むずか》しいかもしれません。

その場合は、新しく住む部屋を探したり、彼女に話を切り出したりして、少しずつでも別れの準備をしているかどうかが、見極めるポイントです。前項で書いたように、言葉に行動が伴っているか、態度に思いやりがあるか。その二点をチェックしてください。

「彼は優しいから、前の彼女と別れることができないんです」と言う相談者がいますが、それは優しさではありません。本当に優しいなら、潔《いさぎよ》く別れるはずです。前の恋人に対して、「新しい彼を見つけて、幸せになれ」と促《うなが》してあげるはずです。

彼女が「別れるなら自殺する」とまで言うとすれば、それは「まだ脈がある」と思わせてしまっているからです。きっぱり別れる意思を告げていないからです。

何も冷たくする必要はありません。冷静に、理性的に「もう愛せない」ということを伝えることが必要なのです。

寂しいと言うなら、「もう恋人ではない」という前提で、時間を決めて会い、話を聞いてあげてもいいでしょう。少しずつ甘えモードを遠ざけるのです。そのとき、決して腕を組んだり、流れに任せてセックスしたりしてはいけません。そんなことをすると、彼女は「まだ戻ってきてくれる」と思って、ますます苦しむことになります。

もし彼が、ずるずるとそうやって彼女とつきあっているとしたら、それはただの優柔不断。優しさではありません。そんな彼なら、別れたほうがいいでしょう。

「必要なら、心理カウンセラーや心療内科を紹介する。けれど、もうつきあうことはできない」。そこまできっぱり言われても、別れられないなら、それは彼女のほうに問題があります。そもそも「別れるなら自殺する」とまで言って脅《おど》すのは、彼を苦しめるだけ。彼への愛がない証拠です。自分を愛しているだけなのです。

気の毒ですが、そんな彼女の奴隷になる義務は、彼にもあなたにもありません。

カウンセリングの機関などをフルに活用して、思いやりのある方法で別れる努力をしてみてください。その戦いの間に、あなたと彼の絆はいっそう強くなるでしょう。

二人の男性を同時に好きになってしまった！
その気持ちの奥に潜む本当の願いとは？

「恋人がいるけれど、ほかの男性を好きになってしまった」という人は、「どちらかを選ぶことなんてできない」と言います。「どちらも好きだから」と。
けれど、「どちらも好き」ということは、「どちらも好きではない」ということです。

二人を同時に好きになって悩んでいる人は、自分が愛されたいのです。

愛によって、何かを「得る」ことだけを望んでいる状態です。

愛は「与える」もの。愛する相手に何をしてあげられるか、その視点がないと、愛とは言えません。

今の彼は優しいけれど、別の彼は、とても男っぽいタイプ。そんなふうに、恋人にない要素を、別の人に求めてしまうのは酷《こく》なことです。人間は誰しもオールマイティではありません。

相手の良い部分も悪い部分も含めて、認め、受け止めることが、愛なのです。

自分の都合のいいパーツだけで相手を評価していると、カルマの法則で、同じように自分もパーツで評価されてしまうでしょう。それはとても寂しいことです。

また、今の彼が好きだけれど、あまり愛されている実感が持てないというとき、スペアとして別の彼に走ってしまうこともあるでしょう。

これも、自分だけを愛している状態、与えられることだけを求めている状態です。

本当は、彼との愛を深める努力をするべきなのに、それを中途半端にしたまま、別の彼に逃げてしまっているのです。

こういうときに出会う人は、同じように中途半端な愛し方しかできないタイプです。波長の法則で、似たものどうしが引きあうからです。ですから、スペアの彼とも、互いに向きあって愛を育てることはできないでしょう。

「今の彼が、私を本当に愛してくれたら、私も変わります」と言う人がいますが、まず自分から変わらないと、相手は変わりません。真正面から、裸の心で彼にぶつかってみてください。それでもダメなら、仕方がありません。きっぱりあきらめて、別の恋を探せばいいのです。

自分の波長を切り替えて、カルマの法則を思い出して、前向きに今の彼と向きあいましょう。そういう努力をしていれば、必ず「永遠の愛」にめぐりあうことができるのです。

彼がバツイチで、子どももいるとき、知っておきたい愛のルール。

再婚することには、何も問題はありません。間違った結婚をしたと気づいたなら、きちんと清算して、もう一度、別の人と新しくやり直せばいいのです。

ただし、間に子どもがいる場合は、少し立ち止まって考えてください。

好きな人に子どもがいる場合、その子どもまでも引き受ける覚悟が必要です。自分にそれができるかどうか、きちんと見定めましょう。

これはとても難しいことですから、無理はしないほうがいいと思います。

何度も会って、話をしたり、遊んだりする中で、その子も含めて受け止められるかどうか、自分の愛の強さを確認してください。

また、彼が子どもに、「この人とつきあいたいと思う」ということをきちんと伝えて、紹介してくれるかどうか。あなたと子どもの間を上手《じょうず》に橋渡ししてくれるかどうかも、見てください。これができないと、子どもが戸惑《とまど》ったり、不安になったりするのです。

状況をよく見極めて、そのうえで覚悟を決めたなら、次のことに気をつけましょう。

まず、子どもは彼の奥さんが引き取るという場合、彼は定期的に子どもに会いに行くでしょう。そのときは気持ちよく行かせてあげることです。子どもを相手にヤキモチを焼かないこと。子どもの存在を認めることで、彼はあなたに感謝をするようになるはずです。

次に、子どもが同居するという場合、子どもの母親になろうとしないことです。「私はいいお姉さんになる」と決めて、子どもにもそう伝えましょう。「あなたのお母さんは一人だけ」と言ってもらうほうが、子どもの気持ちも軽くなるのです。

血のつながった親子の場合もそうですが、人は「親になる」のではありません。子どもが「親にしてくれる」のです。さまざまなトラブルや困難を乗り越える中で、子どもに鍛《きた》えられ、初めて親になれるのです。決して親になろうと気負わないでください。

子どもが、本当のお母さんにこっそり電話したりしていても気にする必要はありません。あくまで「お姉さん」として、ご飯をつくってあげたり、スキンシップをとったりしましょう。言葉だけでなく、思いやりのある行動、態度があれば、子どもはその愛を感じ取ります。自然に「この人が私のお母さんだ」と思ってくれるようにもなるのです。

ただし、それは簡単なことではありません。子どもの側には、「裏切られた」という思いや寂しさがあるからです。何度も大人を試すようなことをするかもしれません。

それでも、そんな子どもを否定せずに、大きな愛で包んであげてください。彼との強い絆があり、信じて見守っていれば、子どもの心の氷が解ける日は来ます。

シングルマザーが恋をしたとき、この判断力が、確実に幸せを引きよせます。

離婚して、シングルマザーとして働きながら子どもを育てている女性が増えました。子どもがいると、恋愛はできても、結婚には二の足を踏むという人が多いのですが、ぜひ恋をして、もう一度結婚にトライしてみてほしいと思います。

相手が初婚だと引け目を感じたり、再婚どうしでも、また失敗するのではないかという恐怖があったりするでしょうが、それは相手の器しだいです。相手が子どもも含めて受け入れてくれる人なら、再婚しても大丈夫。

見極めるポイントは、不倫の恋と同様、二つです。言葉に行動が伴っているか。そして、思いやりのある態度を示してくれているか。言葉だけでいくら「子どももだいじにする」と言っていても、それに行動が伴っていないなら、信じてはいけません。

子どもに何度も会ってもらって、そのときの様子をよく見ることです。試しに、何日か一緒に暮らしてみてもいいでしょう。

「この人は言葉だけだ」と思ったら、潔くあきらめましょう。母親は、何よりも子どもを守らなくてはいけません。近年、母親の再婚相手や同棲相手に虐待《ぎゃくたい》されて死ぬ子どもの事件が多いことに、胸が痛みますが、そんな事態を避けるためにも、相手の見極めは真剣にしてください。決して媚《こ》びずに、母親の目で彼の「父親度」を確かめましょう。

そのうえで、「大丈夫」と思ったら、素直に彼を信じて飛び込んでください。引け目を感じる必要などありません。

肩肘《かたひじ》はって、「この子を守れるのは私だけ」とがんばりすぎる必要もありません。一緒になろうと言ってくれるいい人がいたら、その人とともに新しく家庭を築いていけばいいのです。複数の視点で子どもを見られるので、子育てにもゆとりが出てくるでしょう。

血のつながった家族でも、スピリチュアルな見方をすれば、それぞれのたましいの目的は違います。たましいが惹かれあった家族ではないのです。その意味では、血のつながりのない家族も同じこと。

再婚して築く家庭は、血のつながりという甘えがない分、お互いに気遣いあい、助けあえることも多いのです。そこでまたお互いに新しい学びができるはずです。そうやって新しい家族をつくり、幸せになった相談者は数多くいます。

せっかく出会った縁なら、ぜひ花開かせましょう。「子どもと一緒によろしくね」という素直な笑顔があれば、互いに学びあえる、すてきな家族にきっとなれます。

Chapter 8 あなたを不幸にする「恋愛グセ」の直し方

人間がもっとも必要とする栄養源、それは愛です。

人は愛なしでは生きていけません。愛の電池が足りないと、必ず誤作動《ごさどう》を起こします。さまざまな問題行動を起こして、幸せを遠ざけてしまうのです。それをくり返して、クセになってしまう場合もあります。


自分の中に愛がないと、人を本当には愛することができません。

愛そうとしても、自分への愛を欲してしまうからです。

本当にいい恋愛をしたいなら、自分自身への愛を、いっぱいに蓄《たくわ》えておかなければいけません。

今までに、失恋などで愛の電池がカラになった経験がある人は、それがトラウマになっていないかどうか、振り返ってみてください。なぜそれほど傷ついたのか、その理由をしっかり整理し、理解することです。漠然《ばくぜん》と後悔《こうかい》したり、恨《うら》んだりしないでください。

起こったことの意味が理解できれば、少しずつ傷は癒《い》え、愛の電池を蓄えられるようになります。

その作業は、ときにつらいかもしれません。けれど、人を愛するためには、強さが必要です。

愛の電池を蓄えた人は、トラウマから解放され、正しいプライドを持てるようになります。そのプライドが、本当に愛し、愛される、輝く魅力となっていくのです。

上手に愛を告白できない人へ。とても簡単で効果的なレッスンがあります。

いつも好きな人を遠くから眺《なが》めているだけ。両思いになったことがない。そんな人は、まず第三章をよく読み返してください。そして、もう一度、自分の心の「思いグセ」を振り返ってみましょう。「私なんて、どうせダメ」と自分を卑下《ひげ》していませんか？　なのに、「私を変えることなんてできない。変えたくない」という頑固《がんこ》さがありませんか？

片思いをくり返す人には、この二つの「思いグセ」がある場合が多いのです。

人を好きになったら、そのつど「きれいになろう」「今までと違う自分になろう」と努力しましょう。それができるのが、恋のすばらしいところです。今、きれいになるための方法はたくさんあります。あきらめずにトライすれば、誰でも必ずきれいになれます。

そして何よりだいじなのは、心です。「私なんてダメ」と言う人は、見た目ではなく、心がダメなのです。一見、謙虚《けんきょ》なようですが、じつは傲慢《ごうまん》なお姫様。自分は何もせずに、白馬の王子様を待っているだけです。それでは、いい恋に出会えません。

好きな人に振り向いてもらいたくて、「きれいになろう」と努力するとき、その気持ちが明るいオーラとなって、その人を輝かせます。また、周囲の人を気遣《きづか》ったり、明るく振るまったりするとき、その心の美しさは、多少の外見の欠点を覆《おお》い隠《かく》してくれるのです。片思いばかりする人は、そういう努力をしてきたかどうか、振り返ってみてください。

そして、いつも告白できないなら、その臆病《おくびょう》さをなくすことが必要です。

愛を告白することは、自分の身が傷つくことを恐れない献身《けんしん》の行為。すばらしいことです。それができないのは、自分が傷つきたくないから。自分だけがかわいいからです。

愛するということは、この「自分だけがかわいい」状態から脱皮《だっぴ》すること。自分以外の誰かに対してサービス（献身）できるようになることです。

たとえば朝、笑顔で周囲の人に「おはよう」とあいさつするのもサービス。それも愛の行為です。どうしても臆病さから抜け出せない人は、こういう日常のささいなところから愛を表現するレッスンをしてもいいでしょう。

そして時期を見て、必ず愛する人に告白しましょう。口ごもったり、震えたりしてもかまいません。本当の愛に続く階段を一段のぼれたのです。決して失敗ではありません。

もしこっぴどいふられ方をしたなら、相手の人間性を見抜く目が自分になかったということ。それを反省して、また次の人に恋をすればいいだけです。

そうやってレッスンを続けていれば、いつか必ず「本当の人」にたどりつきます。何もしなければ、永遠に片思い人生です。今すぐ、どちらの道を選ぶか決めましょう。

いつも片思いで、告白してもふられてばかりいる人へ。つきあって安らげるのは「自分に似た人」です。

自分を高める努力もしているし、勇気をもって告白もしている。けれど、いつもふられてばかり。それはそれでOKです。いつも、好きな人につりあう自分になるために、懸命《けんめい》に努力する、そのプロセスが大切です。

ただし、注意しなくてはいけないのは、自分が本当に人を見る目を持っているかどうかということ。自分とは合わない人を好きになっているのではないかということです。

片思いばかりしている人は、理想が高くて、手の届きそうにない人を好きになることが多いのです。

「尊敬できる人が好き」と言って、自分も相手に見合うだけの人格を備えようと努力するのはいいことです。

それでも、厳しいようですが、恋が成立するには「器《うつわ》のつりあい」は必要です。

また、「尊敬できる」という場合、相手の目立った長所だけを見ていることが多いものです。たとえば、仕事ができて営業成績もトップの人なら尊敬する。けれど、いつも冗談を言って職場を和《なご》ませたり、落ち込んだ人をさりげなく励《はげ》ましたりする人のすばらしさには気づけない。そういうことがないでしょうか。

あるいは、相手の内面ではなく、外面、つまり物質的な部分に目を奪われている場合もあるでしょう。経済力や、ルックスのよさ、周囲からの人気などに惹《ひ》かれているとすれば、それは本当の愛ではありません。彼とつきあうことによって得るメリットに惹かれているだけ。つまり我欲《がよく》です。

これでは、たとえ一時的にうまくいったとしても、長続きはしないでしょう。

つきあっていて安らげる人というのは、案外、自分に似た人であることが多いもの。恋人も、「少し背伸びすると、つりあう」ぐらいが、ちょうどいいのです。あまりにも自分と違う人を好きになると、それは不幸のもととなります。

目の覚《さ》めるようなすばらしい王子様は、じつは恋の相手ではありません。身なりはボロでも、隣で一緒に空を見上げてくれるような、笑顔のすてきな彼を探しましょう。白馬の王子様を夢うつつで待つのは子どもっぽいこと。そういう思いグセはやめましょう。

いつも同情から恋が始まる人へ。「愛されたいだけ」のダメ男からは卒業しましょう。

飲んだ席で「じつは妻とうまくいっていない」とポロリとこぼした上司。それを見て「かわいそうに。仕事で大変なのに家庭でも安らげないなんて」と同情し、つい一晩つきあった。そしてお定まりのドロドロ不倫劇へ。こういう恋愛が多いという人は要注意です。

同情と愛情は違います。「かわいそう」と同情するとき、人は相手と対等の位置に立っていません。「かわいそう」と思う自分が上に立っているのです。

もちろん、片方が何かで落ち込んでいるとき、片方が励ますことはあるでしょう。でも、それが当たり前になってはいけません。つねに二人が平等に助けあえる関係でいること。それがベストなのです。

人は同情されると、依存したくなります。恋の相手ではなく、まるで母か姉のように甘えて、頼りたくなります。頼られたほうは、別れようとしても相手が泣いてすがるので、なかなか別れられません。けれど、こういう相手こそ、きっぱり別れることが必要です。こういう人とは決して幸せにはなれません。別れることが自分のためであり、同時に相手のためでもあるのです。

同情して甘やかすことは愛ではありません。いい男になるよう厳しく育てて、自立を促《うなが》すことこそ、本当の愛。涙で曇った目で相手を見ずに、冷静に判断してください。

「いつも情《じょう》にほだされて、つきあってしまう」という人は、自分自身の寂しさに気づくことも必要です。

寂しいから、自分が必要とされることに快感を覚えるし、「これだけ優しくしてあげたから、愛してもらえるだろう」という打算も働いてしまいます。

けれど、同情を誘うような男性は、結局、自分が愛されたいだけ。

自分がかわいいだけですから、相手を愛することができません。同情して慰《なぐさ》めていても愛が返ってこないので、こちらは空しいし、苦しいだけなのです。

恋愛において、愛することはもちろん大切です。けれど、愛されるということも大切なのです。あなたは、十分に愛される資格があります。それを自覚してください。

そして、同情を誘うような情けない男性からは、離れましょう。

波長の法則で、あなたが「寂しい」という波長、「慰めてあげるから私を愛して」という波長を発していると、それに見合う「愛されたいだけ」の男性を引きよせてしまいます。

まず自分の寂しさに気づくこと。そして、それを克服《こくふく》することが大切なのです。

あなたの愛が、彼をダメにする?!
「尽くしすぎ症候群」を克服するには?

彼の洋服は、頭の先から足の先まで選んであげる。ときには全部買ってあげる。「車がほしい」と言えば、パンフレットをかき集めてあげる。そんなふうに尽《つ》くすのは、基本的には彼が好きだからでしょう。ある程度まではかわいらしい愛の表現です。

けれど、「いつも尽くしすぎる」となると、問題です。

それは相手への愛ではありません。自分が愛されたいがために、尽くしている。つまり自分のためにしている行為です。

尽くしすぎると、相手をダメにします。

自立心を損《そこ》ない、傲慢にするのです。それに気づかないといけません。

尽くされることに慣れた男性は、凜々《りり》しさ、誠実さを失います。尽くしてくれる女の子を便利屋のように使って、悪いとも思わなくなってしまうのです。

もちろん、尽くしてくれる女性に甘える男性が悪いのですが、そうさせてしまう女性の側にも問題はあります。

母親が子どもに干渉《かんしょう》して、何でもやってあげると、子どもはわがまま放題になるでしょう。子どもを愛しているように見えて、スポイルしているのです。それと同じです。彼にすてきな男性になってほしいと思うなら、尽くしすぎるのはやめましょう。それは愛の行為ではなく、反対に、相手の人格を損なう行為なのです。

本当の愛があれば、何が相手のためになるか、見抜けるはずです。

尽くさなければ、彼が離れていってしまうと心配なら、そんな彼は本当の相手ではありません。

尽くしすぎたりしなくても、ありのままのあなたを好きだと言ってくれる人は必ずいます。お互いに自然体でいられる相手が必ずいるのです。

こういう文章を読んで、素直に自分を振り返る人と、言葉が素通りしてしまう人がいます。素通りしてしまう人は、実際に痛い目にあい、体験することで、初めて「ああ、そういうことだったのか」とわかるでしょう。そこで学べるなら、それもまたいいことです。けれど、できれば言葉の中からメッセージを受け取って、心で体験できるようになってください。尽くしすぎるとはどういうことか。本当に人を愛するとはどういうことか。深く考えてみてください。

そのほうが、回り道をせずに、次なるステップに進みやすいと思います。

いつも彼に振り回されてしまう人へ。本当に愛されるのは「ノー」が言える女性です。

彼に対して、「ノー」が言えない。いつも言うとおりにしてしまう、という人は、いつか別れが来ることを覚悟したほうがいいでしょう。

全部を許してしまう「全許容」の女性は、必ず男性にバカにされます。だいじにしてもらえません。かといって、もちろん傲慢でもいけません。

全許容と、傲慢。この二つは恋においてタブーです。

誰だって、イヤなものはイヤです。それを愛する人に言うことは悪いことではありません。それで彼が冷たくなるようなら、それだけの相手だったということ。媚《こ》びてまでつきあう必要などないのです。

イヤと言えないなら、幸せにはなれない。そう思ったほうがいいでしょう。

中には、相手に振り回されることに陶酔《とうすい》する人がいます。言いなりになることで、相手と特別な絆《きずな》があるように錯覚《さっかく》するのです。たとえば、相手の望むままに、刺青《いれずみ》をいれたりして、うっとりします。でも別れた後で、必ず後悔するのです。チンピラ仲間の絆が一見、強いように見えるのと同じこと。でも、それはニセモノです。いざというとき、チンピラ仲間は守ってくれません。

そんな絆でもすがりたいのは、やはり心の中に寂しさがあるからです。人とは違う絆を持つことで、寂しさを埋めたい。あるいは、少し優越感を抱《いだ》きたいのです。

相手の言いなりになることでつくる絆はニセモノです。本物の絆をつくりましょう。

そのためには、まず自尊心を取り戻すことです。

あなたは愛される価値のある人間です。

「今まで、誰も愛してくれなかった。彼だけだった」と思うのは間違いです。あなたが今、生きている。そのことが、愛を受けてきた何よりの証拠なのです。

家族でなくてもかまいません。友人でも、近所のおじさん、おばさんでもいいのです。思い出してください。あなたを心配して、耳の痛いことでも言ってくれる人は必ずいたはずです。本当にあなたの幸せを思ってくれる人は必ずいるのです。

そういう人からのメッセージに、素直になりましょう。

そして、ふつうの人とふつうの恋をしてみましょう。相手を振り回す、傲慢でダメな人をわざわざ選ぶ必要はありません。最初は平凡さがつまらないと思うかもしれません。けれど、平凡でも、あなたを大切にしてくれるなら、そのほうがずっといいのです。その幸せに気づく感性を取り戻しましょう。あなたは、愛されて当然なのです。

いつも彼に合わせて自分を変えてしまう人へ。
１００％、彼の好みに合わせたとき、恋は終わります。

「あの子、つきあう相手が変わったね」ということが、すぐにわかる人がいます。髪型からファッション、言葉づかい、聴く音楽までガラリと変わるからです。けれど、それは長続きしません。かなり早く別れが来ます。

なぜなら、自分の言いなりに変化する女性に対して、男性は最初は満足しますが、すぐに飽《あ》きがくるからです。

相手の好みに合わせるのは、ある程度は礼儀です。恋をするうえで、必要なことです。たとえば「彼はショートカットが好きだから、髪を切る」というのも、かわいらしいことだと思います。彼にとっては、「あなたが好き」というサインになるので、そういうことがまったくないと寂しい思いをするでしょう。

けれど、行きすぎてはいけません。いくら彼の好みでも、自分には似合わないし、好きでもないなら、無理することはないのです。１００％相手の好みに合わせて変身してしまう姿は、「かわいい」というより、無気味《ぶきみ》です。

前項でも書いたように、全許容は、恋の得策《とくさく》ではありません。男性には、「獣性《じゅうせい》」があります。相手を追いかけたいのです。したがって、手軽に手に入る女性、すぐに自分の言うとおりになる女性には、興味を失います。

そういう男性の動物的な本能を理解しておくことは、上手《じょうず》に恋をするうえで、必要なこと。男性の動物的本能、相手を追いかけたいという欲求を損なわないのが、モテる女性の条件です。

カルメンが歌うように、恋は野の鳥。つかまえられないから、愛《いと》しいのです。結婚が決まったなら、相手の胸の中で、精一杯かわいらしく振るまってもいいでしょう。彼からもらったプレゼントをいつも身につけて、「大好き」という気持ちを100%アピールしても、逆に二人の幸せを盛りあげることになります。

けれど、まだ恋愛の途中では、「何もかもあなたの思うがまま」というそぶりをすることは、かえって恋に冷や水をかけることになりかねません。

そのあたりの男女の機微《きび》を理解することが、賢い大人の女性に近づくコツです。

相手に合わせて、自分を変えたい。相手を喜ばせてあげたい。そう思ってしまうかわいい女心を、どの程度でとどめるか。そのさじ加減《かげん》が恋上手かどうかを決めるのです。

いつも彼に貢がせてしまう人へ。ブランド品は、愛の証明にはなりません。

高価なブランド品のプレゼントをもらったり、高級レストランでの食事をおごってもらったりするのは、たまにはうれしいことでしょう。けれど、いつも恋人に貢《みつ》がせたり、それを当然と思っていたりすると、これは問題です。

「いつも恋人に貢がせている」という人は、基本的に、相手の愛を信じていないのです。相手にものを買い与えることが愛情だと思っているので、ものを買ってもらわないと、愛されていないのではないかと不安になるのです。

また、ものを買ってもらうと、自分が優位に立っている証拠だと思えて、安心できるのでしょう。

ものがないと不安になる、愛が信じられなくなるのは、心が弱い証拠です。

本当の愛は物質では測れません。

いつも彼に貢がせるように仕向けていないと、不安で仕方がないという人は、まだ本当の愛を知らない段階にいる人です。この世に無償《むしょう》の愛があることを誰にも教えてもらっていないのです。

自分の身を捨ててでも、本当に相手のためになる行動をとる。相手を思いやり、包み込む。それが愛です。

ブランド品で相手を甘やかしてスポイルすることは、本当の愛ではありません。いつも不満を言わずに貢いでくれるのが、「優しい恋人」ではないのです。

本当にあなたを愛する優しい恋人なら、「ものと愛はイコールではない」ということを教えてくれるはずです。

貢ぐことで愛を証明しなくても、ほかの方法で証明してくれるはずなのです。

あなたを無条件で愛してくれる人、ものなどなくても、愛を感じさせてくれる人と、早く出会ってください。

そのためには、あなた自身の愛の電池を蓄《たくわ》えることです。

家族でも友人でも、無条件に愛するということを経験してください。そうやって愛するとき、相手に「貢ぐ」必要などまったくないということを、肌で実感してください。

無条件で相手を受け入れ、愛を与える。

その喜びは、高価なブランド品を貢いでもらうこととは比べものにならないほど、深く大きいものなのです。

いつも彼をバカにしてしまう人へ。彼の内面を見抜く目が曇っていませんか?

恋人に、「そんなこともできないの」「ダメね」ということを平気で言う人がいます。つきあっているうちに、だんだん相手を男性として見なくなってしまうのです。家族のような気安さから、ついバカにしてしまうこともあるでしょう。

また、自分がバカにされることに対して過敏《かびん》な人は、自分がバカにされる前に、相手をバカにして優位に立とうとする傾向があります。

幼いころから、父親が家庭の中で横暴《おうぼう》だったり、逆に母親が父親をないがしろにしていたりしていたために、男性不信になってしまった場合も同様です。

バカにする内容は、えてして表面的なものです。相手の内面の良さが見えなくなっているから、表面的なことをあげつらって、相手をののしってしまうのです。

こういうことを続けていてはいけません。男性が男性でなくなってしまうからです。

基本的に、男性は女性より弱いのです。昔の女性は、それがよくわかっていました。だから、弱いフリをして、男性を立ててあげていたのです。今は、女性が平等を主張するあまり、男性を立てることを忘れてしまっているように思います。だから、もともと弱かった男性がさらにひ弱になり、ダメになっているのです。

男性には、男性の役割をさせてあげましょう。

「すごいね」「強いね」と言って、ほめてあげれば、本当に強くなるのです。

バカにすると、てきめんに男性はダメになり、頼もしさも頼りがいも失ってしまいます。もともとが弱い生き物なのです。

ですから、バカにする人のほうがバカ。弱い男性をますます弱くして、彼も自分も不幸にしていることに気づかないといけません。

もちろん、別の項でも書いたように、全許容してはいけません。

なんでも「よしよし」と許すこともまた、別の意味で相手をバカにしていることです。相手を大人として認めていないから、すべて許してしまうのです。バカにすることと全許容は表裏《ひょうり》一体《いったい》です。

相手の内面まで見抜く目を持っていると、尊敬できる部分、すてきな部分は必ず見つけられるはず。そこがあるから、好きになって、つきあい始めたはずなのです。その気持ちをもう一度思い出しましょう。

彼をバカにすることは、釣った魚に泥《どろ》をまぶして食べられなくするのと同じこと。とてももったいないことなのです。

彼に自分の理想を押しつけてしまう人へ。あなたが変わることで、理想の恋が手に入ります。

あまりモテない人が、誰かとつきあい始めたとき、してしまう失敗が二つあります。

ひとつは、相手に「もっとカッコよくなってよ」とか「もっとスマートに振るまって」などと、無理な要求をすること。本当は、もっとカッコよくてスマートな人とつきあいたかったけれど、できなかった、そのトラウマを今の彼にぶつけてしまうのです。

「お父さんみたいになっちゃダメ」と言いながら、子どものお尻をたたいてお受験させるお母さんと似ています。

もうひとつは、相手の行動を制限して、縛《しば》りつけること。相手の自分への愛が確かかどうか、不安で仕方がないからです。それで彼を管理しようとするのです。

どちらも相手を本当に愛しているとは言えません。自分の都合《つごう》のいい「お人形」として扱っている状態です。

子どもが、お人形を買ってもらったときの行動を考えてみてください。友だちとは違って、少し安っぽい人形だとしましょう。すると、少しでもよく見せようとして、一生懸命に飾りつけます。「こんな人形がほしかった」という理想に近づけようとして、結局、もとの素朴《そぼく》な人形の良さをなくしてしまったりするのです。

少しいい人形を買ってもらうと、今度は誰にも貸したくなくなります。見せるのもいやになって、机の奥深くにしまいこんでしまったりします。

恋人に自分の理想を押しつけること、恋人を縛ろうとすることは、この子どもの行動と同じです。相手を、たましいのある人間として見ていたら、こういうことはできません。

また、自分自身が強くて、恋人に頼らなくても勝負できる自信があれば、こういう行動にはならないはずです。

相手に理想を押しつける前に、自分が理想に近づきましょう。相手を縛ろうとする前に、自分が強くなって相手の愛を信じましょう。

誰かとつきあうということは、自分を磨《みが》くことです。自分を変えることです。

相手を無理やり変えようとしても、それは無理。北風は、旅人のコートを脱がせることはできません。太陽のあたたかさが、人を変えるのです。

幸せになりたいと思うなら、あなたが太陽になりましょう。

決して北風になってはいけません。太陽のあたたかさで恋人を包んであげてください。

その光と熱が、あなた自身を幸せにするのです。

彼が振り向くと、いつも冷めてしまうという人へ。
愛の電池を蓄える効果てきめんの「瞑想法」とは。

「好き」と思って、相手を追いかけているうちはいいけれど、いざ相手が振り向いてくれたとたんに、「あれ？　どうしてこんな人が好きだったんだろう」と思ってしまう。そんな恋愛グセを持っている人もいます。

そういう人は、自分の心の奥底をよく見つめてください。

本当は別の誰かの愛がほしいのではありませんか？

それは、恋の対象である男性ではなく、たとえば父や母の愛がほしいのかもしれません。親子関係におけるトラウマは、恋愛にも大きな影響を与えます。

何かの理由で、心の中にある愛の電池が枯《か》れているから、相手を本当に愛するところまでいけないのです。自分の中に愛が足りない人は、人に愛を与える側に立てません。

また、愛の電池が少ないということを自覚していないと、それを蓄えようという気持ちにもならないので、対策が立てられないのです。

「私はそんなに愛の足りない、弱い人間じゃない」と思っていても、たましいのレベルでみれば、愛が枯渇《こかつ》している人はたくさんいます。そういう自分自身のトラウマに気づくことがまず必要です。

それに気づいたら、愛の電池を蓄える努力をしてください。

たとえ家族からの愛が少なかった人でも、周囲に愛がなかったわけではありません。それに気づいていないだけなのです。そうめん流しのそうめんを、すくわずに見送っているようなもの。流れてきた愛を、上手にキャッチできなかったのです。

愛はいつでも、目の前にたくさん流れてきます。それに気づくことが大切です。

上手に愛をキャッチできる感性を身につけるために効果的な方法が二つあります。

ひとつは、自分が生まれてから今日までの歴史を振り返ってみること。過去、自分にどんなことがあり、どんな気持ちで生きてきたか。その中にどんな寂しさがあり、どんな愛があったかを、ノートに書き出すなどして確認することです。二つ目は、ネラ式メディテーションと呼ばれる瞑想を生活の中に取り入れることです（両方とも詳《くわ》しくは拙著『スピリチュアル　セルフ・カウンセリング』〔三笠書房刊〕に記載）。

ネラ式メディテーションは、簡単な瞑想をしてイメージを思い描くことで、現在の心の状態を分析する方法です。それだけでなく、より良いイメージを描くことで、愛の不足というトラウマを抜け出す手助けにもなるので、ぜひ試してみてください。

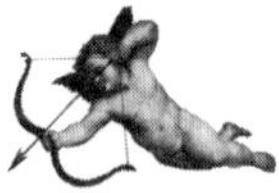

わざと仲を壊すようなことをしてしまう人へ。石橋をたたき壊す前に、今の幸せを感じてください。

好きな人にあえてケンカをふっかけたり、ひどいわがままを言ってみたりする人は、石橋をたたいて渡ろうとする人です。

「ここまで言っても平気。ここまでのわがままなら許してくれる」

そんなふうに相手を試《ため》すことで「大丈夫。今の幸せは壊れない」と安心したいのですね。

あるいは、幸せは壊れるものと思い込んでいるので、その瞬間をドキドキして待つより、「自分から早く壊してしまおう」という破壊願望があるのかもしれません。

どちらも、自分の愛に自信が持てないことからくる症状です。

こういうことを続けていると、本当に幸せは壊れます。石橋をたたきすぎて、たたき割ってしまうのです。いつまでたっても、本当の幸せにはたどりつけません。

もう一度、第一章の愛の定義を読み直してみてください。そして思い出しましょう。恋愛において大切なのは、結果ではなく、プロセスだということを。

別れが来たから不幸というわけではありません。たとえ何かの事故で相手が他界《たかい》して、突然の別れが訪れたとしても、それまでの時間が充実していれば、決して不幸だとは言えないのです。

幸せが壊れることを恐れて、わざとケンカをしてみたり、わがままを言ってみたりしていると、二人で過ごす時間が楽しくなくなります。

愛を失うことを恐れるあまり、今という大切な時間を失ってしまうのです。

今、このとき、目の前にある幸せを抱きしめましょう。それが持続してもしなくてもいいのです。今、目の前にいる人を、精一杯、愛してください。その努力があれば、たとえ別れが来ても、そこから大切なものを学べます。そしてまた新しい恋ができるのです。

運命と宿命は違います。人と人はいつか必ず別れるもの。死という別れは必ず来ます。これは宿命です。けれど、その別れまでをどう生きたか、その別れをどう生かすかによって、その後の運命は変わってきます。運命は自分の手で切り開けるのです。

何事にも胸を張って立ち向かうとき、運命は開かれていきます。

失うことを決して恐れないでください。これは人生すべてに言えることです。失うものなど何もありません。すべての出来事は、たましいの輝きとなって残るのです。いかにたましいを輝かせるか。それだけを考えて、今この瞬間を大切にしてください。

いつも相手にすぐに飽きられてしまうという人へ。
ポジティブな言葉には、魔法のような効き目があります。

誰かと交際が始まるということは、お互いの波長が引きあったということです。けれど、それがいつも長続きしないという人は、波長にムラがあるということ。出会ったときは、高くていい波長を出していても、つきあい始めると、低くなってしまうということです。それで「思っていた人と違う」と思われて、別れが来るのでしょう。

こういう人は、まず自分がいつも口にしている言葉を振り返ってみてください。

言葉には、言霊《ことだま》があります。エネルギーがこもっているのです。昔の人は言霊を信じていましたから、不吉な言葉を言いかえる工夫をしていました。「去《さ》る」という音を嫌って、猿をエテ公と言い、「掏《す》る」を嫌って、スルメをアタリメと言っていたのです。

どんな言葉を発するかによって、その人の出す波長は変わってきます。

「どうせ私なんかダメ」「何をしても同じ」などのネガティブな言葉は、本当にネガティブな事象を引きよせます。「でも」「だって」という相手を拒絶する接続詞も要注意です。

また、何を言っているのかよくわからない、まどろっこしい話し方も、相手に不快感を与えます。デートに誘われて、本当はうれしいのに、そのうれしさを言葉や声のトーンであらわせなかったり、反応が遅かったりする場合も同じです。

もちろん、仕事の愚痴《ぐち》などをいつもクドクド話されても、相手はいやになるでしょう。そんなふうに、「言葉」で失敗している人は、とても多いのです。

いつもどんな言葉を彼に発しているか、自分で自分をリサーチしてみてください。過去に「すぐ飽きられた」ことがあるなら、そのときの自分の言葉も思い出してみましょう。

言葉は、相手に対するサービスです。恋には、サービス精神が不可欠。サービスになるような言葉を彼に投げかけていたかどうか、思い出してみてください。

できていなかったと気がつけば、改めればいいのです。いつも笑顔で、ポジティブな言葉を使いましょう。「大丈夫」「できる」「うれしい」「ありがとう」……。そんな言葉をたくさん使ってください。すると自然に波長が上がってきます。

ネガティブなことを口にしてしまったときは、必ずポジティブな言葉に言いかえることもコツです。「やっぱりダメ」と言ってしまったら、「ダメじゃない、大丈夫」と言い直しましょう。ネガティブな言霊を放置してはいけません。

人は失敗から学べます。自分の「思いグセ」に気づき、改善することはできるのです。転《ころ》んでもただでは起きない。これをキャッチフレーズにして、何からでも学び続けましょう。そうすれば、失敗した恋でさえ、あなたに幸せを運んでくれるのです。

いつも好きでもない人とつきあってしまう人へ。「アルバム法」で、愛の感受性を高めましょう。

いつも、「それほど好きではない」人とつきあってしまうのは、憑依《ひょうい》体質だからかもしれません。

憑依体質とは、周りの人の想念《そうねん》に影響を受けやすいタイプ。ネガティブな人と会うだけで、自分もネガティブになったり、体調を崩《くず》したりする人です。それだけ繊細《せんさい》で感受性が豊かなのですが、自分でそれを自覚しないと、いつも周囲に振り回されてしまいます。

周囲の意見にあおられて、「やっぱり恋人ぐらいいないと、カッコ悪い」「今、恋愛しておかないと、後がないかもしれない」などと、不安や焦《あせ》りに支配されやすいので、好きでもない人とつきあうことになりがちなのです。

自分が憑依体質だと思うなら、それを自覚して、周囲に振り回されずに、自分自身のポジティブな波長をいつも出せるようにコントロールする必要があります。

それが難《むずか》しいのは、自分の心の中に確固とした芯《しん》がないからです。その芯となるのは、くり返し述べてきた愛情の電池です。愛されてきた経験であり、自分自身への誇りです。

好きでもない人とつきあってしまうことが多い人、複数の人とつきあってしまう人は、愛情の電池が切れかかっていることを自覚しましょう。

それを克服するには、今までにあなたが受けてきた愛情に気づくことです。

【スピリチュアル・パワーが授かるおまじない】
④愛の感度を高める方法

愛をキャッチする感覚を磨くには、アルバムを使いましょう。生まれてから今日までに撮ったさまざまな写真を見てみると、忘れていたことを思い出すはずです。

たとえば「お父さんなんて大キライ」と思っていても、一緒に動物園に行ったときの写真があるかもしれません。肩車をしてもらっている笑顔のあなたがいたとすれば、その笑顔は、お父さんがプレゼントしてくれたものなのです。

「それは昔のこと。今はキライ」などという頑固な思い込みは、自分自身を不幸にするだけです。確かに100%を求めると、どんな親でもそれを満たすのは無理でしょう。けれど、100%の愛だけが愛ではないのです。たとえ10%でも、それはあなたに向けられた確かな愛情です。それに気づくと、心の中に芯が生まれます。愛の電池が充電されてきます。すると周囲に振り回されずに、幸せに向かって歩いていけるようになるのです。

押入れに眠っているアルバムを、今すぐ開いてみてください。

セクハラ、ナンパ……。いつも「軽い女」に見られる人へ。「軽い男」をよせつけないオーラが必要です。

外見で損をしていると思ったことはありませんか？

たとえば、そのつもりはないのにいつも街で軽く声をかけられる。職場では「つきあったら出世させてあげる」などとセクハラまがいのことを言われる。「そんなに軽く見られるのかと思うと、悔《くや》しくて仕方ありません」と泣いて相談にみえた人もいます。

そういうことが、いつもくり返されるのであれば、相手を責めるだけでなく、自分自身も振り返ってみることが必要です。外見的に、男性に声をかけられやすいタイプは、存在します。少し陰《かげ》があったり、「触れなば落ちん」といった危うげな雰囲気があったり。そういう外見を持っているなら、それを自覚しておかないと危険です。

職場では、かっちりとしたメイクとファッションで、隙《すき》を見せないようにすることが必要です。ほかの人より意識的に、外見をかっちり固めることが必要なのです。

同時に、自分が無意識に出している波長も自覚しないといけません。

たとえば不倫をしていると、「耐える波長」「相手を全許容してしまう波長」を、無意識のうちに出していることがあるのです。すると、その波長にひっかかって、「適当に遊んでやろう」という男性が来やすいのです。

意識して、「私は軽く扱われていい女性ではない」という波長を出すようにしてください。たとえば不毛な愛を清算することで、自然にその波長が出るようになります。

いつも人にだまされてしまう人、二股《また》をかけられてしまう人にも同じことが言えます。そんなふうに、人から被害を受けやすい人には、効果的な方法があるので、紹介します。

【スピリチュアル・パワーが授かるおまじない】
⑤イヤな男から身を守るには

これは、「卵オーラ法」と呼ばれる方法です。

まず椅子に座ってリラックスしてください。次に、鼻から息をゆっくりと吸い込みます。吸った息を今度は口から少しずつ吐《は》き出してください。細い糸を吐き出すつもりでゆっくりと。同時に、自分の周囲に卵の殻《から》のようなバリアをつくるイメージを描きましょう。一回目は自分の前後に。二回目は左右に。三回目は、その卵の殻全体を強化して、自分の周囲にしっかりとしたバリアをつくることを意識して。

外出する前などにこのメディテーション（瞑想《めいそう》）をすると、身を守るオーラがしっかりしてきます。ぜひ試してみてください。

いつもセックスから始まる人、セックスだけの関係になるという人へ。セックスよりすてきな「恋のプロセス」を楽しむ方法。

いつも最初にセックスをしないと安心できない。そういう人が、今、若い人に増えているようです。出会ったその日に、食事をしてホテルに行けば、相手の経済力も、自分への気持ちが本気かどうかも、一度にわかります。コンビニが全盛を極める今の時代、恋愛も手軽にスピーディになっているのでしょう。

一日だけのつきあいなら、もし別れることになっても、傷は浅くてすみます。傷つきたくないという計算もあるかもしれません。

けれど、恋愛の醍醐味《だいごみ》というのは、じつはセックスをするまでのときめきにあるのです。出会って、まず会話を楽しみ、少しずつ相手の気持ちを確認していく。いくつかの障害を乗り越えて、気持ちが盛りあがったところでベッドイン。そのプロセスを楽しまないなんて、学校の先生が遠足の下見に行くようなものです。下見では、一応すべてのポイントを見て回りますが、遠足の本当の楽しさは味わえません。前日からワクワクし、当日は、友だちと騒ぎながらバスに乗る。乗り物酔いをしたりしながらも目的地に着き、すばらしい景色にうっとりする。その手順を踏むからこそ、遠足は楽しいのです。

もしいつもセックスからしか関係が始まらないなら、本当の恋の楽しみをまだ知らないと思ったほうがいいでしょう。

誰もいないのは寂しいから、ただ相手をつなぎとめておきたいだけ。本当に恋愛をしている状態ではありません。

恋をするということは、そのプロセスを堪能《たんのう》するということ。

愛するということは、身を捨ててでも、相手を喜ばせてあげたいと思うことです。

愛はサービス。そのサービスができない人が増えているように思います。

世の中の流れ全体が無機質になり、優しさや思いやりなどの感性が欠如《けつじょ》してきていることが、ひとつの原因でしょう。

けれど、何も世の中に合わせる必要はありません。自分がお手軽な恋愛しかしていない、本当に人を愛したことがないと気づいたら、そのときがチャンスです。人として、「このままではいけない」という非常ベルが鳴ったのです。

誰かを真剣に愛せる人になりましょう。そのために感性を磨きましょう。いい映画を観たり、小説を読んだりすることでも、感性は磨けます。

何より真剣に人と向きあうことです。お手軽にセックスを利用して、自分の寂しさを埋め、傷つくことから逃げていては、いつまでたってもたましいは磨かれません。

いつも「妻子がある人」を好きになってしまう人へ。調理ずみの魚より、自分で料理した魚のほうが絶対においしい！

「どうして独身のいいオトコがいないの」と嘆《なげ》く女性の声をよく聞きます。つまり、妻子がある人には、すてきな人がいるけれど、独身男性はダメ、というのです。

けれど、それは当然のこと。結婚している男性には、「妻と子どもを守らなくてはいけない」という意識があります。誰かを守ろうとする愛のエネルギーを発散しているし、経験も包容力もあります。独身男性にはないものをたくさん持っているのです。

寂しい女性は、「誰かに守ってほしい」という思いを強く持っています。そのため、妻子のある人を好きになりやすいのです。

けれど、妻子のある人との恋を貫《つらぬ》くのは至難《しなん》のわざ。もちろん、それが本当の恋になる場合もありますが、レアケースと考えたほうがいいでしょう。

彼自身が好きなのではなく、「妻と子どもを抱えた彼」が好き、という場合もあります。彼とつくるあたたかな家庭に憧《あこが》れているのです。けれどそれは、彼が今の妻と築《きず》いたもの。あなたと一緒になったとしても、今と同じような家庭が築けるわけではありません。

まず、そういったことをよく理解してください。

そして、自分の心の寂しさをどうやって癒《いや》すかを考えましょう。254ページで紹介したアルバム法でもいいでしょう。248ページのネラ式メディテーションも効果があります。

心に留めておいてほしいのは、既婚男性は、すでに料理されている魚だということです。第一章で書いたように、恋は、釣り上げた魚をどう料理するかがポイント。既婚男性は、一度ほかの女性によって料理され、味つけされた魚なのです。

今、コンビニのお惣菜《そうざい》にひと手間かけるコンビニクッキングがはやっていますが、恋愛までその手法でいくのはどうでしょうか。やはり産地直送の、いきのいいピチピチした魚を見事にさばいてこそ、女っぷりは上がります。

すでに完成された男性は確かに魅力的です。しかし、たとえ今は未熟《みじゅく》でも、将来、いい男になりそうな彼を釣り上げて、自分で育てていく。そのワクワクする楽しさは、既婚男性との恋にはありません。

「自分で育てるなんて無理」とあきらめないでください。

恋は、二人でするもの。お互いに影響を与えあい、育てあうのが、本当の恋です。

あなたが妻子ある男性にうっとりしている間にも、幸せな恋ができる本当の相手が、目の前を悠々《ゆうゆう》と泳いでいったかもしれません。時間は貴重です。有効に使いましょう。

いつも「自分を好きになってくれない人」を好きになってしまう人へ。
心にかかったブレーキに気づいていますか？

「私は、私を好きになるような男は好きじゃない」

そう言って、自分を好きになるような人はダサイと思い込み、好きになってくれない人、自分に冷たい人ばかりを追いかけてしまう人がいます。

こういう人は、やはり幸せとは縁遠くなります。それは当然です。わざと恋が成就《じょうじゅ》しない相手を選んでいるのですから。自分でも気がつかないうちに、成就しないことを心のどこかで願っているのです。

これは怖いことです。まず自分の心の奥底に眠る、本当の気持ちに気づいてください。

「恋がうまくいくことがないんです」という相談者を霊視《れいし》してみると、「あえて、成就しない人を選んでいる」ということが、すぐにわかります。原因を調べてみると、たとえば地方の出身で、女ばかりの姉妹の長女だったりします。無意識のうちに、実家に戻って婿《むこ》養子《ようし》をとらないといけないというプレッシャーを感じているのです。表面的には、「自由に恋愛したい」と言っていても、心の奥底には、両親への罪悪感がある。それで、わざとプロポーズなどしてくれそうもない人ばかりを選んで恋をしているのです。

そういうふうに、具体的に理由がわかったら、実家の両親ときちんと話をするなど、いろいろな対策がとれます。両親にしてみても、実家を継《つ》いでくれるより、孫の顔を見せてくれるほうがうれしい場合もあるのです。そのほうが親孝行だと思えるようになれば、心にかかっていたブレーキが自然に解除されていくでしょう。

男性不信が心の底に巣くっているために、誰かと恋をすることに恐怖を感じているケースもあります。表面的には、「恋人がほしい」と言うし、本人もそのつもりなのですが、潜在意識の中では、ブレーキがかかっているのです。

そういう場合も、自分には男性に対する恐怖心や不信感があるということを、素直に認めることが第一歩です。おそらく、何かのトラウマが影響しているので、心理療法を受けるなどして、自分の心を深く見つめ直してみてはどうでしょう。

「そんな大げさなことじゃない」と否定しないでください。カウンセリングを受けるのには抵抗感があったり、お金がかかるのがいやだったりするかもしれません。けれど、幸せになるためには、どうしても必要なこと。

自分を幸せにしてあげられるのは、自分だけです。

いいと思われる方法は、ぜひ勇気を出して、トライしてみてください。

いつも「ダメ男」を好きになってしまう人へ。忘れないでください。あなたには「愛される価値」があるのです。

　威張る人、浮気性の人、暴力をふるう人、酒グセが悪い人、みんな周囲から見ると、どうしようもない男性です。けれどなぜか、そういう人とばかりつきあう女性がいます。決して女性を幸せにできそうにない男性とばかりつきあってしまうのは、「私だけがなんとかしてあげられる」という思いに酔ってしまうからでしょう。本当に相手を好きなわけではなく、相手に頼られている自分、相手を全許容している自分が好きなのです。

　けれど、そういう男性が女性の愛によって更正することはまずありません。自分自身で痛い目にあわなければ、こういうクセは直りません。

　ダメ男に近づいてしまうのは、背後にトラウマがあるからです。家族から愛されずに育ったために、冷たくされたときだけ相手との強い結びつきを感じるようになっていたり、虐待《ぎゃくたい》されることが愛の証拠であるような勘違《かんちが》いを植えつけられたりしているのです。

　こういう人は一種のいじめられっ子です。

　子どもがいじめられたときに、どうするのが一番効果的か、考えてみてください。

いじめっ子のところに行って話をつける。学校に苦情を言う。もちろん、それも方法です。でももっとも大切なのは、子どもを抱きしめること。そして、今までどれだけ愛をこめて育ててきたかを、じっくりと話して聞かせてあげることなのです。

妊娠《にんしん》がわかったとき、どんなにお母さんがうれしかったか。お父さんは、どんなことを言ってくれたか。小学校の入学式は、学芸会は、運動会はどうだったか。一つひとつ写真を見ながら話してあげることです。そして、「いやなら学校になんか行かなくていいんだよ。お前が幸せでいることのほうが何倍も大切なんだから」と伝えてあげることなのです。

すると、子どもは自分がどれほど愛されてきたかを実感できます。いじめをはね返す自尊心を取り戻すことができるのです。これと同じことを、自分にもしてあげてください。

大切なのは、あなたは愛される価値があるということ。その事実を思い出すことです。

誰にもあなたを殴《なぐ》ったり、お金をせびったり、浮気をして泣かせたりする権利はありません。そんなことをする人とは、きっぱり縁を切ってもいいのです。

寂しさから、「暗闇《くらやみ》の手すり」として、しがみついていたその相手を、明るい光の中で見てみましょう。いかにひどい手すりだったか、そのときはっきりわかります。

それがわかったら、そんな手すりはすぐに放して、本当の幸せを探しに行きましょう。それは誰にでもできること。しかも簡単にできることです。

しがみついていた手を放し、前を向いて、笑顔で歩いていけばいいだけです。

Chapter 9

セックスにも
スピリチュアルな意味があります

セックスは、愛する心の表現です。二人がともに生きようとする誓いです。

私たちが肉体を持っている以上、悦楽《えつらく》のみのセックスも存在するでしょう。けれども、心が伴わないセックスは虚《むな》しいものです。

愛しあう心を、体で表現する。だから、セックスはすばらしいのです。

スピリチュアルに言えば、セックスはお互いのオーラを融合《ゆうごう》させることです。オーラが交わることで、より深く信じあい、理解しあうことができるようになるのです。

最近は、セックスレスのカップルと、その反対のお手軽なあいさつがわりのセックスをする人が増えました。セックスにかかわるトラウマを抱える人もたくさんいます。

問題の根は同じです。自らの心を素直にあらわせない、ハートレスなのです。

私たちは、愛を学ぶためにこの世に生まれてきました。セックスからも、多くのことが学べます。好きな人と心を通わせ、愛を確認しあう喜び、お互いの性を認識しあう驚き、すべてが学びです。

セックスを拒否したり、軽んじたりしないでください。

体と心のすべてで人を愛し、この人生をともに生きて、たましいをより深く感動させましょう。

セックスは神が与えた自然の摂理。お互いを癒しあう、愛と信頼のコミュニケーションです。

今、セックスに関する情報は、街にあふれています。それでも、セックスについて、人知れず悩んでいる人は多いようです。表面的には別の問題で相談にみえた方でも、霊視《れいし》してみると、性生活の問題で悩んでいる方が多くいらっしゃいます。

「セックスが好きになれない」という悩みを持つ人は、次の三つのケースに分けられます。

まず、先天的にセックスが好きではないという人。数は少ないのですが、前世《ぜんせ》でシスターだったりして、性的なことから遠い生き方をしていた人です。そういう人は現世《げんせ》でも、男性とのつきあいが苦手《にがて》で、少し何かあっただけでドキドキハラハラしてしまいます。前世を読み解くことで、症状が軽くなることもあるので、前世療法が有効でしょう。

次に、性的なトラウマを抱えている人。幼いころに、性的虐待《ぎゃくたい》を受けたりして、心に傷をつけられた人です。男性不信が根底にあるので、相手が好きでも、どうしてもセックスだけはできないことがあります。襲《おそ》われるような感覚があって、恐怖が先に立つのです。

性的な虐待とまではいかなくても、父親が横暴だったりして、大嫌いだったという人も、父親不信が男性不信となり、セックスが嫌いになってしまう場合もあります。

こういう場合は、なぜセックスをしたくないのか、ということを、きちんと彼に伝えることが大切です。そうでないと、相手は「自分のことが嫌いだから拒否するんだ」と勘違《かんちが》いしてしまいます。関係にひびが入ることもあるでしょう。

自分がセックスについて、どう思っているのかを伝えることは、決して恥ずかしいことではありません。むしろ二人の関係をよくするためには、必要なこと。

立場を逆にして考えるとよくわかります。彼が理由も言わずにセックスを拒否すると、あなたは「私のことが嫌いなのかもしれない」と思って不安になるでしょう。「今日は仕事で疲れているから、ごめん」などと言ってもらうと、安心できます。それと同じです。

自分の性的トラウマや、男性のＥＤ（勃起障害）などは、言いにくいし、聞きにくいと思います。けれど、それならセックスレスでいいかというと、決してよくないのです。

先天的障害や事故などで下半身不随《ふずい》になった場合なら別です。克服《こくふく》できないことがはっきりしているなら、それを受け入れて、別の形で愛を深めることはできます。

けれど、克服できる障害なら乗り越える努力をしましょう。セックスは、自然の摂理《せつり》であり、愛という目に見えないものを形にする行為です。お互いをいたわる癒《いや》しの行為、愛と信頼を深めるすばらしいコミュニケーションのひとつです。

それをゼロにしてしまうのは、もったいないこと。というより、二人の関係を進めるうえでは、危険なことです。セックスが原因で別れが来ることもあるのです。

何かの原因で、セックスが好きになれないとき、それを克服しようと努力する中で、愛について深く学べます。ほかの障害と同じように、たましいを磨《みが》くチャンスと考えて、二人で前向きに克服する方法を考えましょう。心理カウンセリングを受けるのも効果的です。

さて三番目は、宗教的な理由でセックスに罪悪感を抱《いだ》いている人。性行為をすべて罪だと考える宗教を信じていると、生殖を目的とする以外の性行為を拒《こば》むようになります。相談者の中には、それで離婚にまで発展したケースもありました。

これは、宗教の弊害《へいがい》だと思います。セックスは罪ではありません。神が与えた自然の摂理です。要するに、お金と同じ。お金に罪悪感を抱く人もまだ多いのですが、お金そのものに罪はありません。使う人によって、良くもなるし、悪くもなるのがお金です。

セックスも、場合によっては、淫《みだ》らで罪な行為になることもあるでしょう。援助交際などは、たましいを汚《けが》す行為だと言えます。けれど、愛する二人が、愛を確認しあい、癒しあうためにするのなら、セックスはすばらしい行為になるのです。

宗教をとるか、彼をとるかという選択をしなくてはいけなくなったときは、ぜひ自分の心の声にしたがって、「本当の愛」を選んでください。

セックスレスは、気づかぬうちに愛を蝕みます。手遅れになる前に、女性の側からできること。

セックスだけが二人を結びつけるわけではありません。

けれど、とくに男性にとってはセックスは信頼の源《みなもと》。二人の絆《きずな》を再確認する大切な行為です。ですから、セックスレスは決していい状態ではありません。

セックスにはもちろん快楽もありますが、それ以上のメリットがあります。

たとえば、手をつなぐだけでも、二人のオーラが融合します。ケンカしたときでも、手をつなぐと、ふっと気持ちが和《なご》み、相手の気持ちが伝わってくるでしょう。セックスなら、その効果はもっと大きいのです。お互いへの理解が深まり、絆が一段と強くなります。

また、セックスによって、お互いに自分が男性である、女性であるという確認ができます。これがないと、二人が兄妹、姉弟、あるいは、母子のような関係になってしまうのです。すると、男性がひ弱になったり、女性が強くなりすぎたりします。

そういうカップリングでうまくいく場合もありますが、お互いの男性性、女性性を完全に見失ってしまうのは、味気《あじけ》ないこと。性による役割分担をすべて排除すると、弊害が出てくるのです。

男性は本能的に獣性《じゅうせい》がありますから、セックスにおいて能動的にふるまいます。女性は生理的には受け身につくられているのです。それがいやだという女性もいますが、男性は、好きな女性を腕に抱いたときに、もっとも強く「この人を幸せにしてあげたい」と思うものです。男性としての自覚が出てくるのです。女性も、男性の腕の中で、優しい気持ちになるでしょう。そんな流れの中で、二人の絆が強まっていきます。

体のつくりがそうなのですから、これは自然の摂理。神様のつくった仕組みです。それを無視することは、不自然なこと。二人の仲も不自然なものになってしまいます。

このことを前提にして、セックスという行為を、もう一度、見直してみてください。

基本的には、彼が求めてきたときには、拒まないことが大切です。もちろん、避妊《ひにん》や病気の予防のことは別問題としてありますが、成熟した大人どうしのつきあいなら、これを基本にしてください。

そして、彼がしたくない（というよりできない）ときは、求めないことです。

男性は弱い生き物ですから、我慢して、無理にセックスするという芸当はできません。けれど、女性は生理的にも精神的にも強いので、我慢ができてしまうのです。

読者の中には、こういう考え方を古いと感じる人もいるかもしれません。けれど実際に何組ものカップルの相談を受けて、見てきたうえで、わかったことです。セックスにおいては、女性が多少の我慢をして、男性に合わせてあげるほうが、うまくいくのです。

セックスレスになってしまったときは、女性のほうから歩みよって、男性を優しく包みこんであげましょう。きっと新しい発見があるはずです。

【スピリチュアル・パワーが授かるおまじない】
⑥充実したセックスのために

男性の側がセックスに対して消極的になっている場合は、次のような方法があります。

ベッドの中だけで彼に触れるのではなく、日常の何げない行動の中で、さりげなくスキンシップをとるのです。たとえば洋服の肩についたゴミを取ってあげたり、歩くときに腕をからめたり。結婚しているなら、朝、上着を着せてあげる、鞄《かばん》を手渡すときに手に触れるなど、チャンスはいくらでもあると思います。

すると、お互いのオーラが混じる機会が増えます。日頃の「仲良し度」を高めていくと、ベッドでも仲良くできるようになるのです。また、こまめにスキンシップをとることで、彼の「男性性」が刺激されて、セックスへの意欲が高まる効果もあります。

セックスは、それだけが独立してあるわけではありません。二人の関係の延長上にあるものです。それを意識して、日常の彼への接し方の中に、少しだけ「エッチ」を予感させる、女性らしいかわいい行為を織り交ぜていくことが、セックスレスには効果的なのです。

より良いセックスは、より良い愛のために必要なもの。相性が悪いと決めつけずに、二人で愛の研究を。

彼は、性格もいいし、私を愛してくれている。ほかのすべては合うのに、セックスの相《あい》性《しょう》だけが悪い。こんな場合、どうすればいいでしょうか。

まず、本当に「性の相性」というものがあるかどうか、ということについていえば、これはあると思います。

ただし、それは「性欲の強いタイプ」と「淡白なタイプ」という違いです。お臍《へそ》の下あたりにある丹田《たんでん》というツボから出るオーラの色の強弱で、それははっきりとわかります。

これは、男性、女性に関係ありません。男性で性に淡白な人もいれば、女性で強い人もいます。個性と同じで、自然なことです。

けれど、性欲の強い人と弱い人がカップルになった場合、お互いにかなり無理をすることになります。

前項で書いたように、セックスは二人の関係においてとても重要な要素ですから、これが合わない場合は、別れを考えたほうがいいかもしれません。お互いに、性的な強さが合う人は、必ずいるはずです。

また、セックスの相性というよりは、何か別の問題があって、ベッドで過ごす時間があまり楽しくないという場合もあるでしょう。気持ちの中に、セックスへのこだわりや罪悪感があったり、彼のことを信頼しきれていなかったり。あるいは単純にテクニックの問題かもしれません。

気持ちにこだわりがある場合は、言葉によるコミュニケーションを大切にして、お互いの思いを理解しあうことが大切です。お互い、性に関することを率直に話しあえる相手かどうか。その意味での相性も確認してみてください。

テクニックについても同様です。今は女性のためのハウツー本も、かなり豊富に出ていますから、手にしてみてもいいでしょう。

罪悪感を抱く必要はまったくありません。より良いセックスは、より良い愛のために必要なのです。

体と心は、愛を支える二本の柱。「愛のあるセックス」こそが幸せを呼びよせます。

セックスは自然の摂理、二人の大切なコミュニケーションのひとつと書きましたが、「愛しあう二人の」という大前提を忘れないでください。

これがないと、セックスは確かに淫らな行為、たましいを汚す行為に変貌《へんぼう》します。そういう側面があるので、セックスに罪悪感を抱く人が多いのでしょう。

前項で書いたように、丹田から出るオーラは、その人の性欲の強さをあらわしますが、乱れた性生活をしている人は、このオーラの色が濁《にご》ってくるのですぐにわかります。

お互いに「ただのセックスフレンド」と了解してつきあっているなら、いいでしょう。「セックスの相性はいいね」「でも一緒になる気はないよね」「そうね」と合意ができているなら、第三者が口出しできることではありません。

けれど、もし相手を「愛している」とだましたり、何かの打算が働いて、セックスだけの関係を続けたりするなら、それはカルマになります。

自分でまいた種は自分で刈らないといけません。いつか同じようにだまされたり、打算でつきあう相手に振り回されたりすることになるでしょう。そのとき初めて、自分のしていたことの意味に気づくことになります。

愛のないセックスをするなら、風俗と同じです。

こう書くと、風俗をけなしているように見えますが、今は逆に、風俗で働くプロのほうが純粋だったりします。私のオフィスには、風俗で働く女性も数多く相談にみえるので、それがよくわかります。とても苦労しているので、上手《じょうず》に気を遣《つか》える人、人に優しくできる人が多いのです。

一般の女性に、そんなに優しくサービスしてもらったことのない男性が、風俗嬢にどっぷりハマってしまうケースが多いのもうなずけます。風俗嬢のほうが純愛をわかっているという、逆転現象が起きてしまっているのです。

愛もないし、プロとしてのサービス精神も優しさもない。そんなセックスだけを続けているなら、女性として恥ずかしいこと。

もっと精神的な悦楽に目覚めてください。二人で心を通わせあう喜び、いたわりあう安らぎに気づいてください。

体の結びつきは大切です。それと同様に、心の結びつきも大切なのです。

体と心は二本の柱。どちらが欠けても、すてきな愛を築いていくことはできません。

エピローグ

ある日、三十代の女性が、私のカウンセリング・ルームを訪れました。

その表情は暗く、態度も投げやり。私があいさつしても、かすかにうなずくだけです。よほど失意のどん底にいるのかと思って霊視《れいし》してみると、いつもこうらしいのです。「恋人ができない」という相談でしたが、これでは当然です。恋人どころか、友人もできないでしょう。

たとえいたとしても、波長の法則で、同じような人しか近づかないだろうと思います。それなのに、こういう人に限って、相手に望む理想はとても高いのです。

こんな人に対して、私はいつも悪役を買ってでます。

「そんな態度では、誰も寄りつきませんよ」

「そんな高い理想を望むだけの器《うつわ》を、あなた自身は持っていますか」

厳しい言葉を投げかけます。すると、彼女は意外な顔をします。

「私はそんなふうに見えますか？　私はそんな人間ではありません」

問題は、ここなのです。客観的に自分の姿が見えていないということ。自分を知らないということが、人生において、多くの悩みや苦しみを引き起こす元となっているのです。

幸せになるためには、自分中心の視点、「自分が相手を選ぶ」という視点だけではいけません。人から「選ばれる自分」になることが必要です。そのためには、自分の本当の姿が見えていること。その自分をより良いものに高めようと、努力することが必要なのです。

幸せになりたいなら、自分の力で、努力しなければいけません。

ラクして幸せになる道はないのです。

「でも、世の中にはラクして幸せになっている人もいるじゃないですか」と言う人もいます。それは、物事の表面だけしか見えない、幼い感性です。

ラクして幸せになったように見えても、その裏には大変な苦労と努力があります。

「カルマの法則」で、自分のしたことは、すべて自分に返ってくるのです。

物事の表面だけでなく、奥深くまで見通せる目を持ってこそ、初めて自らの幸せに気づけます。

本書に記したスピリチュアルな考え方は、すべての人に通用する幸せへの道標《どうひょう》です。けれど、その内容は、ある意味で「常識」です。スピリチュアル＝なんでも願いをかなえる「魔法」ではありません。

世間で言われる「常識」が、なぜ常識として受け入れられているのか。その理由が、スピリチュアルな法則で説明できるのです。また、世間で言う「常識」が、じつは意味のない「非常識」である場合もあります。それも、スピリチュアルな視点で見れば、よくわかるでしょう。

スピリチュアルな法則は、神のつくったルールです。この交通ルールに従って生きることで、人生を安全かつ快適にドライブすることができるのです。

現世《げんせ》では、波長の法則で、似たたましいの人しか寄り添えません。ですから、新しい価値観や視点が、なかなか得られません。

でも、そんな人にこそ本書を活用してほしいと思います。

この本をあなたが手にしたということは、あなたの波長がこれを求めたということ。

あなたのガーディアン・スピリットが、あなたの学びと成長のために、この本を手にとらせたのです。私は、その声を伝えるお手伝いを、ほんの少ししただけです。

本書によって、一人でも多くの人が、困難を乗り越えて、幸せな恋愛、幸せな人生を手に入れることができますように。

みなさんの本当の幸せを、心からお祈りしております。

江原啓之

・いつもふられてばかり――――p231
・いつも同情から好きになる――――p233
・いつも尽くしすぎる――――p235
・いつも相手に振り回される――――p237
・いつも相手に合わせて自分を変える――――p239
・いつも相手に貢がせる――――p241
・いつも相手をバカにしてしまう――――p243
・いつも相手に自分の理想を押しつける――――p245
・いつも相手が振り向くと冷めてしまう――――p247
・いつもわざと仲が壊れるようなことをしてしまう――――p165,249
・いつもすぐに飽きられる――――p251
・いつも好きでもない人とつきあってしまう――――p253
・いつも軽い女に見られる――――p255
・いつもセックスから始まる、セックスだけになる――――p257,275
・いつも妻子のある人を好きになる――――p214,222,259
・いつも自分を好きになってくれない人を好きになる――――p099,261
・いつも「ダメ男」を好きになる――――p161,263

症状★8「セックスで悩んでいる」

・セックスが嫌い――――p068,267
・セックスレスになっている――――p270
・セックスの相性が悪い――――p273
・愛のないセックスをしている――――p257,275

・いつ幸せが壊れるかと思うと不安――p165,249
・彼が私の仕事を理解してくれない――p061,167
・メールでは盛りあがるけれど、会いたくない――p143,170
・二人の趣味がまったく合わない――p172
・つきあい始めたころの楽しさがない――p174
・彼の宗教観にギャップを感じる――p176
・彼の恋愛観、結婚観にギャップを感じる――p178
・彼の金銭感覚にギャップを感じる――p180
・彼の生活習慣にギャップを感じる――p066,182
・彼の愛情が感じられない――p184
・彼が二人の記念日を覚えていない――p187,189
・彼が愛情表現をしてくれない、私もできない――p187,189
・彼が私の話を親身になって聞いてくれない――p191
・「一度の過ち」を許せない、許してくれない――p193
・お互いに「秘密」がある――p195
・結婚に踏みきれない――p029,042,198,200

症状★6「愛の障害に負けそう」

・遠距離恋愛――p205
・二人に年齢差がある――p207
・両親に反対されている――p211
・彼に奥さんがいる――p214,222,259
・彼に私以外の恋人がいる――p101,105,218
・私に彼以外の恋人がいる――p220
・彼に離婚歴があり、子どもがいる――p214,222,259
・私に子どもがいる――p224

症状★7「恋愛グセに困っている」

・いつも告白できない――p033,083,086,096,229

症状★3「失恋による後遺症」

・失恋した相手が忘れられない――p031,074,111
・別れた彼以上の人があらわれない――p031,074,113
・昔の彼と今の彼を比べてしまう――p031,074,115
・別れた相手こそ「運命の人」だったと思う――p025,031,074,117
・別れの理由が納得できない――p031,074,119
・別れのショックで自分に自信が持てなくなった――p031,074,121
・もう二度と愛されない、愛せないと思ってしまう――p031,074,123
・別れた相手が憎い――p031,074,125
・やむをえない事情で別れたことが悔やまれる――p031,074,128
・死別した相手が忘れられない――p111,130

症状★4「出会い方が気にかかる」

・ひとめ惚れ――p094,135
・ゆきずりの恋――p137
・海外での出会い――p139
・合コンでの出会い――p141
・インターネットでの出会い――p143,170
・お見合いでの出会い――p57,145
・ただの友だち、ただの同僚との出会いなおし――p147

症状★5「つきあっているのに、うまくいかない」

・忙しくて、会えない――p151
・いつまでも仲が進展しない――p153
・彼がモテすぎるので心配――p155
・好きなのにすぐにケンカになる――p157
・彼の独占欲が異常に強い――p159
・彼に暴力癖、浮気癖がある――p161,263
・彼に対して劣等感がある――p163

症状別　恋の悩みを解消する処方箋

症状★1「恋愛ができない」

・理想が高いので、相手が見つからない――p055
・仕事が忙しくて、出会いがない――p025,057
・出会いはあるけれど、好きになれる人がいない――p059
・人生の目標があるので、恋はあきらめている――p061,167
・自分の容姿や性格に自信がなくて、積極的になれない――p063
・相手の欠点が見えたとたんに冷めてしまう――p066,182
・男性やセックスが怖い――p068,267
・人づきあいそのものが苦手――p070,096
・男っぽい性格なので、恋愛対象外――p072
・失恋のトラウマから抜け出せない――p031,074,111〜132
・恋愛経験がまるでゼロ――p077
・恋愛なんて面倒くさい――p079

症状★2「告白できない」「告白したけれどうまくいかない」

・自信がなくて、告白できない――p033,083,229
・プライドが邪魔をする――p033,086,229
・会社の上司、同僚を好きになってしまった――p088
・「友だちの彼」を好きになってしまった――p090
・「男友だち」を好きになってしまった――p092
・私のことをまったく知らない人にひとめ惚れしてしまった――p094,135
・自己アピールが苦手――p070,096,229
・恋愛に興味のないタイプを好きになってしまった――p099,261
・恋人のいる人を好きになってしまった――p101,105,218
・告白したのに、サラリとかわされた――p103
・告白した相手がちゃんと返事をくれない――p105,218
・告白したらふられたうえ、避けられるようになった――p107

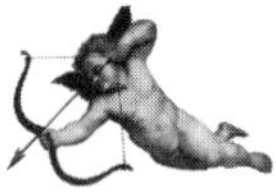

「護符」
あなたの恋と夢をかなえる究極のお守り

「願う力」が、どれほどすばらしい幸運を連れてくるか、あなたは気づいていますか？

ここに掲載した「護符《ごふ》」は、私が霊学を学び、スピリチュアル・ヒーラーとして修行を重ねる過程で考え、完成させたものです。古神道的な要素も取り入れています。

願いをこめて正しく書き込み、お守りがわりに肌身離さず持つようにしてください。

あなたの願いが正しければ、この護符の力を借りて、必ず実現するでしょう。

【護符を書く前の注意点】

①まず、身を清めます。お風呂に入るなどして、心身ともに汚れを捨て去ってください。
②一枚につき、願いはひとつです。
③掃除のゆきとどいた、きれいな机に護符を置き、筆ペンを用意します。
④姿勢を正して、心から願いながら書き込みましょう。
⑤縁切りや厄除《やくよ》けには別の方法があります。逆効果になることもあるので、この護符は

使用しないでください。また、コピーせず巻末の原紙をご使用下さい。

【護符の書き方】

①「家悪因縁《かあくいんねん》」の上に父方、母方の姓を書き込み、その上に九本の線を次ページに載せた要領で書き込みます。一本の線を引くごとに、次の文字を唱えます。

「臨（リン）・兵（ピョウ）・闘（トウ）・者（シャ）・階（カイ）・陳（チン）・列（レツ）・在（ザイ）・前（ゼン）」

この行為は、「九字《くじ》を切る」といい、代々その家に伝わる悪縁を絶つためのものです。線の最後は、護符の左下にある「光」という文字の頭部につないでください。

②「住所」の左に、自分の住所を、声を出して読みながら書き込みます。

③「願意」の上に、願いの内容（「恋愛成就」など）を、声を出しながら書き込みます。

④「氏名」の左に、自分の名前を、声を出しながら書き込みます。

⑤名前の最後の文字から線を延ばし、「願い」の周囲を右から時計回りに三回包み込むようにして、最後に①と同様「光」とつなぎます。

⑥①から⑤のプロセスを、三回くり返します。三回なぞるので、文字は読めないほどになりますが、それでかまいません。

⑦最後に「オンキリキリハラハラフタランパソツソワカ」と唱《とな》えます。

【例】

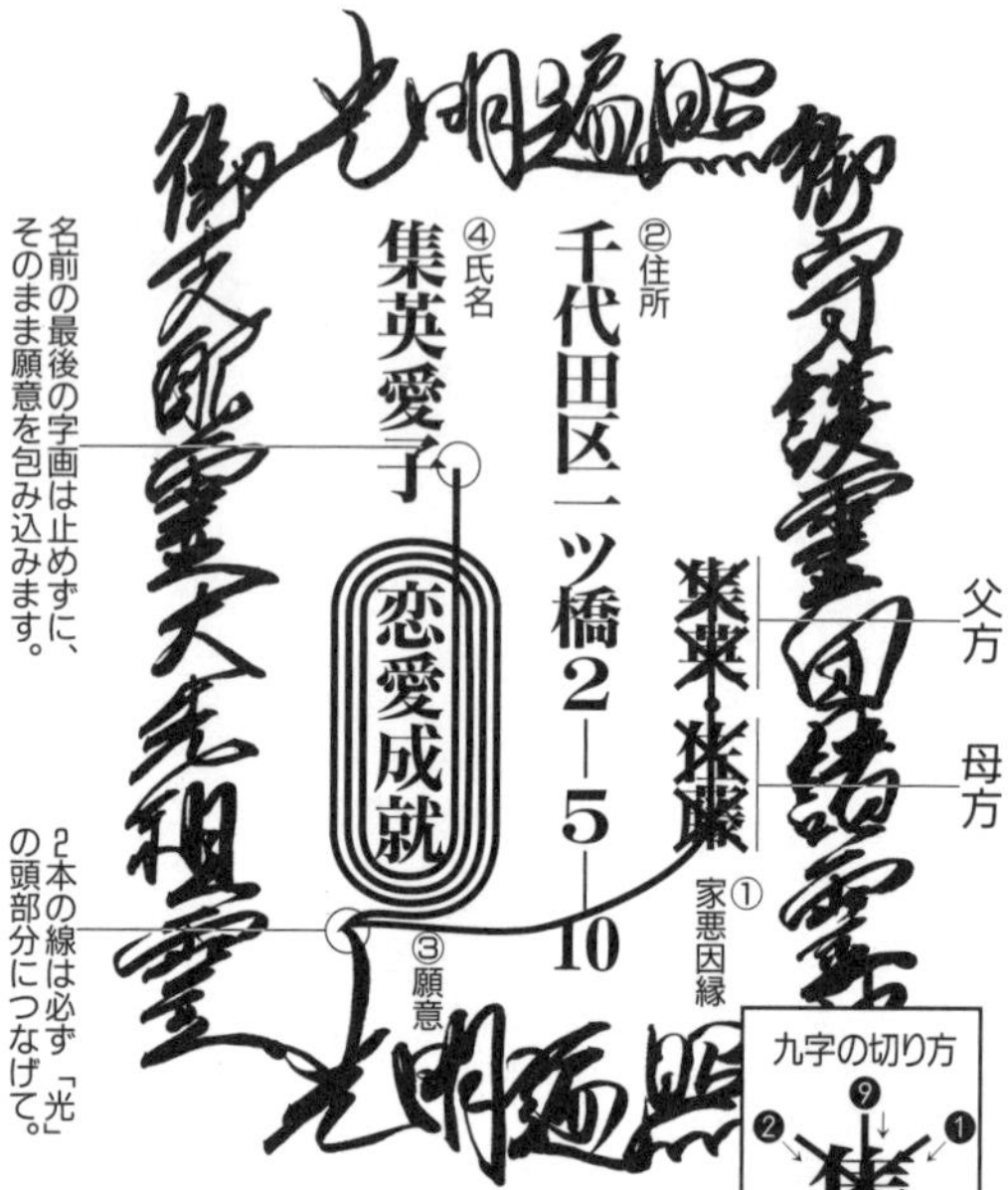

九字の切り方は右図の順番を守り、線1本につき、次の漢字1文字を読みます。臨・兵・闘・者・階・陳・列・在・前（リン・ピョウ・トウ・シャ・カイ・チン・レツ・ザイ・ゼン）。

姓が1文字や3文字以上の場合も、引く線は9本です。父方の姓に4本、母方の姓に4本、引いてください。

その後、住所、願意、氏名の順に書きます。「恋愛成就」を「結婚成就」に変えてもかまいません。

九字の切り方

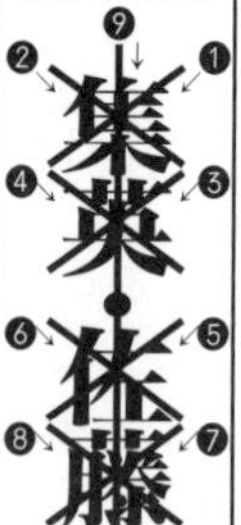

九字は、図のように矢印の方向に、❶から❾まで順番に書いていきます。

江原啓之 えはらひろゆき

1964年東京生まれ。スピリチュアル・カウンセラー。1989年にスピリチュアリズム研究所を設立。英国で学んだスピリチュアリズムを取り入れ、カウンセリングを開始（現在休止中）。現在は雑誌、テレビをはじめ各方面で活躍中。また、音楽の分野でも才能を発揮し、シングルＣＤ『小さな奇跡』などをリリースしている。主な著書に『幸運を引きよせるスピリチュアル・ブック』『人はなぜ生まれいかに生きるのか』『江原啓之のスピリチュアル子育て』『スピリチュアルメッセージ』『スピリチュアル幸運百科』『子どもが危ない！　スピリチュアル・カウンセラーからの警鐘』『いのちが危ない！　スピリチュアル・カウンセラーからの提言』『天国への手紙』、ＤＶＤ『江原啓之のスピリチュアルバイブル』シリーズなどがある。
江原啓之ホームページ　http://www.ehara-hiroyuki.com/
江原啓之スピリチュアルワールド（携帯電話・スマートフォン・PC）http://sp.ehara-hiroyuki.com/
※現在、個人カウンセリングおよびお手紙やお電話でのご相談はお受けしておりません。

愛《あい》のスピリチュアル・バイブル

2002年11月30日　第１刷発行
2019年10月20日　第25刷発行

著　者★江原啓之《えはらひろゆき》
発行者★徳永　真
発行所★株式会社集英社
〒101-8050 東京都千代田区一ツ橋2-5-10
電話【編集部】03-3230-6100
【販売部】03-3230-6393（書店専用）
【読者係】03-3230-6080

印刷所★凸版印刷株式会社
製本所★ナショナル製本協同組合

ISBN4-08-775319-0　C0095

光明遍照

御守護霊団諸霊神

住所

氏名

家悪因縁

願意

御支配霊大先祖霊

光明遍照

キリトリ線